LES ARTS DE L'AMEUBLEMENT

LA
CÉRAMIQUE

(HISTOIRE)

PAR

HENRY HAVARD

Inspecteur des Beaux-Arts
Membre du Conseil supérieur

CENT ILLUSTRATIONS PAR M. GOUIN

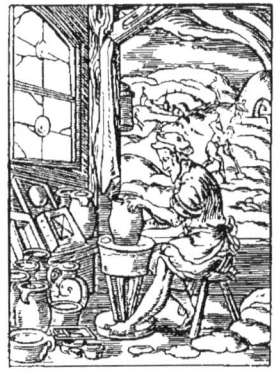

PARIS

LIBRAIRIE CHARLES DELAGRAVE

15, RUE SOUFFLOT, 15

Tous droits réservés

Il a été imprimé 100 exemplaires de cet ouvrage sur japon des manufactures impériales, numérotés et signés.

LA CÉRAMIQUE

SECOND VOLUME

L'HISTOIRE

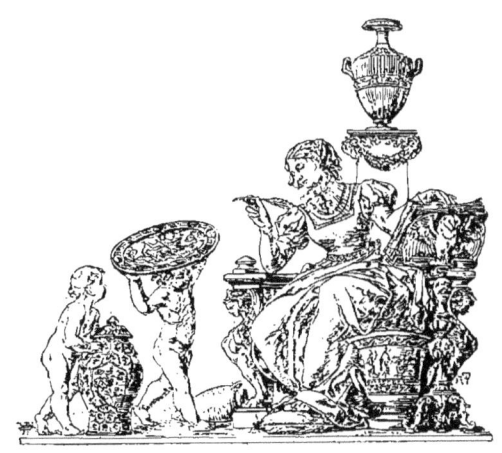

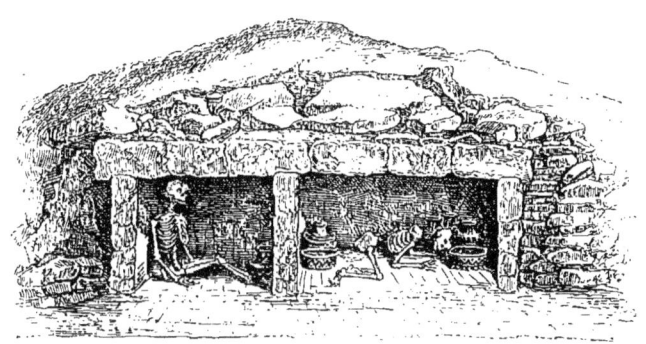

Fig. 4. — Sépulture celtique, d'après l'album de Brongniart.

I

IMPORTANCE DE LA CÉRAMIQUE AU POINT DE VUE DE L'HISTOIRE

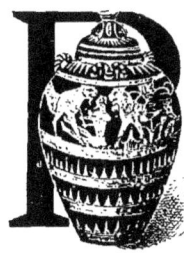Pour peu qu'on l'envisage au point de vue philosophique ou au point de vue ethnographique, l'histoire de la Céramique abonde en leçons curieuses et particulièrement instructives. Il suffit, en effet, de considérer la complexité des matières qu'elle met en œuvre, la variété de ses procédés de fabrication, et mieux encore la surprenante diversité apportée par les différents peuples à leurs différents âges, dans la création des formes et l'application du décor, pour reconnaître qu'elle constitue une sorte de microcosme où l'on arrive à découvrir, comme en un miroir magique, l'expression vivante des goûts, des aptitudes, des préférences, ainsi que le degré de culture et de civilisation des peuples qui se sont succédé sur le globe.

Brongniart, avec cette science si pénétrante qu'il a su

déployer dans ses beaux travaux, se plaît à constater que vingt ou trente siècles, et même plus, ont passé sur notre vieux monde sans qu'on ait songé à fabriquer en Europe aucune poterie émaillée ou vernissée, aucune céramique à pâte fine et blanche comme la faïence ou la terre de pipe, aucune poterie compacte, dure et imperméable comme le grès; tandis que dans l'Asie orientale les poteries les plus anciennes qu'on ait pu découvrir sont précisément faites de pâtes dures, blanches ou grises, recouvertes de glaçures et par conséquent imperméables. Et du coup, voilà, au point de vue céramique, le monde divisé en deux parties bien distinctes : l'extrême Orient et l'extrême Occident, dont les civilisations offrent bien peu de rapports communs et de points de contact.

Si, abandonnant pour un instant l'Orient et ses incomparables céramiques, nous nous bornons à considérer ce qui s'est produit dans notre vieille Europe et surtout dans le bassin de la Méditerranée, nous remarquerons que les poteries les plus anciennement fabriquées par nos ancêtres sont tirées, comme matériaux, des couches supérieures du sol, par conséquent des plus récemment formées; que les poteries auxquelles on pourrait donner le nom d' « âge moyen », comme les grès ou les faïences, sont confectionnées avec des argiles dont la formation remonte à une époque intermédiaire, et enfin que les poteries translucides, dont l'existence normale date, en Europe, de moins de deux siècles, sont obtenues avec des matériaux superficiels, en beaucoup de cas, mais qui proviennent de couches infiniment plus anciennes.

Et cette seconde constatation nous amène à reconnaître que la fabrication de la Céramique a suivi sur notre continent une marche parallèle à celle de nos connaissances chimiques et géologiques.

Si, de la composition des pâtes, nous passons à la création des formes et à l'intervention du décor, les distinctions de peuple à peuple et d'époque à époque s'établiront avec une clarté non moins vive. Les besoins matériels de l'homme civilisé paraissent être à peu près partout les mêmes, et nous avons dit combien, sous ce rapport, la céramique s'était faite la servante zélée de l'humanité en tous temps et sous tous les climats. L'analogie des besoins crée, en outre, l'analogie des formes. Un vase à boire, un plat, un carrelage, une tuile, répondent à des nécessités trop précises pour ne pas toujours se ressembler beaucoup. Mais chaque peuple, chaque époque, ajoutent ou retirent quelque chose aux formes de ces objets, et de ces modifications, légères en apparence, naissent des distinctions suffisantes pour que l'observateur, l'archéologue, le savant, puissent, à première vue, dénoncer l'origine probable d'un produit et la date de sa confection.

Même en notre siècle où les rapports de nation à nation ont pris une extension si grande; où les expositions ont fait pénétrer dans les divers pays des modèles empruntés à des peuples étrangers; où la mode, la manie d'exotisme et l'esprit d'imitation exercent sur nos usages un empire presque despotique, les formes des vases les plus répandus, du service le plus courant, ne sont pas, en notre pays, — nous avons déjà eu occasion de le remarquer[1], — identiquement les mêmes que celles adoptées en Angleterre, en Allemagne, en Espagne ou en Italie. Pots à eau, cuvettes, cruches, tasses à thé et à café, quoique servant aux mêmes emplois, présentent comme dimensions, comme contours, comme galbes, une différence assez grande pour qu'un œil exercé puisse reconnaître facilement leur lieu de fabrication, ou tout au moins leur provenance. Chaque nation, chaque province a ses formes populaires, en quelque sorte nationales, qu'elle ne veut pas changer.

A plus forte raison, cette diversité devient-elle plus ac-

---

1. Voir la *Céramique (fabrication)*, p. 134.

centuée à mesure qu'on remonte le cours des âges. Si, au lieu d'étudier les produits de nations subissant un contact journalier, obéissant aux influences d'une pénétration réciproque, on étudie la production des peuples qui n'ont jamais eu entre eux que des relations forcément limitées et passagères, alors l'originalité s'accuse, le caractère se dessine, les préoccupations dominantes s'accentuent, et souvent l'esprit d'une race ou d'un temps se révèle dans un simple contour.

Arrivons maintenant à la décoration. Sa diversité est encore plus grande, et par suite son éloquence plus précise. N'étant plus commandée — comme la forme — par un besoin supérieur, elle obéit exclusivement à la fantaisie de l'artiste, qui, elle-même, se laisse guider par le goût, les préférences, le degré de culture et d'éducation de celui qui commande ou achète l'objet. Et voilà comment, aux époques primitives et barbares, le décor se borne au tracé des figures géométriques; comment, aux âges héroïques, il raconte sur la panse des vases les fastes de l'histoire et la légende des Dieux; comment, plus tard, les allégories délicates et les gracieux portraits s'épanouissent au fond des plats et des coupes, pour faire place ensuite aux pastorales alambiquées, aux guirlandes, aux mascarons, aux bouquets et aux semis de fleurs.

Chacune de ces transformations constitue, en quelque sorte, une étape de la route suivie par l'Humanité; et cette route dure plus de trois mille ans, sans qu'à aucun moment les renseignements fournis par la Céramique viennent à faire défaut. C'est elle, en effet, qui apparaît aux époques les plus lointaines, mêlée aux silex taillés et aux ossements des animaux antédiluviens. Plus tard, lorsque l'industrie moins rudimentaire a mis en œuvre le bois, les métaux, les tissus, c'est toujours à elle seule qu'il faut s'adresser, car tissus, métaux, bois, ne résistent point aux ravages du temps, et la poterie brave l'effort des siècles. Même lorsque l'histoire a repris ses droits, elle constitue encore sur certains arts la seule source d'informations à laquelle on puisse recourir en toute confiance. Sans l'admirable série de vases peints que nous possédons de la Grèce et de l'Étrurie, nous ne saurions rien ou presque rien de la peinture antique.

Ces simples remarques font voir de suite combien le chemin ouvert à nos investigations est vaste. Elles expliquent en même temps la quantité extraordinaire de monographies, d'études, de livres, d'ouvrages de tous formats et de toutes sortes qui ont été consacrés au noble art de la Céramique, ouvrages si touffus, études si nombreuses, que leur bibliographie, publiée jadis par Champfleury, constitue à elle seule un important volume[1]. Elles font aussi comprendre comment, en ce petit livre, dont les pages sont strictement comptées, nous n'avons ni l'intention ni la prétention d'écrire une histoire complète de ces poteries qui, pendant plus de trois mille ans, ont joué dans l'histoire intime de notre vieux monde un rôle capital.

Forcés d'effleurer seulement un si vaste sujet, nous nous bornerons à ne parler que des centres de production qui ont jeté un éclat particulier, ou qui présentent un intérêt exceptionnel; et encore serons-nous le plus souvent forcé de nous limiter à des indications bien sommaires. Notre but, toutefois, se trouvera atteint si nous sommes assez heureux pour exciter la curiosité de nos jeunes lecteurs. Ce résultat obtenu, les livres ne leur manqueront pas qui se chargeront de parfaire leur éducation, ébauchée par la lecture attentive de ce petit volume.

---

1. *Bibliographie céramique*, par Champfleury, conservateur du musée de Sèvres, in-8°; 352 pages; Paris, Quantin, 1881.

II

L'ÉGYPTE

C'est par l'Égypte qu'il nous faut commencer cette étude, bien qu'en réalité ce que nous connaissons des poteries égyptiennes soit tout autre chose qu'un commencement. « En ce qui concerne l'art des bords du Nil, s'écriait M. Renan, en présence des merveilles exposées, en 1878, par Mariette-Bey au Trocadéro, le mot archaïsme n'a pas de signification. » Toutes les découvertes faites jusqu'à ce jour dans les nécropoles les plus anciennes, attestent, en effet, une civilisation déjà fort avancée, montrent un art en possession de règles définitives et de principes longuement médités, en même temps que des industries maîtresses de procédés perfectionnés par une pratique de plusieurs siècles.

Si nous rapprochons les poteries les plus vieilles qu'aient livrées les hypogées de Thèbes, de Memphis, de Saqqarah, de celles fournies par les sépultures préhistoriques de l'Europe, malgré la grossièreté relative de leur pâte, malgré la pesanteur apparente de leurs formes, malgré leur fabrication encore rudimentaire, elles dépassent tellement, comme supériorité d'exécution, les vases noirâtres, impurs et sableux, aux contours sans fermeté, au galbe exempt de recherche, qui peuplent les *tumuli* ou les cavernes celtiques, qu'aucune comparaison n'est possible.

Si, après cela, nous constatons avec Brongniart que « pour faire avec le limon le moins rebelle au maniement du potier, un vase qui, durci à l'air et au feu, ne servira qu'après le résultat éloigné de cette opération », il a fallu plus de soin, plus de réflexion et d'observation que pour façonner avec le bois, les os, les peaux, les filaments, des armes et des vêtements (car ces matériaux offrent immédiatement à l'homme le résultat de son travail), nous reconnaîtrons de suite l'écart énorme qui sépare les poteries égyptiennes parvenues jusqu'à nous, des premiers vestiges d'une civilisation, et nous n'hésiterons pas à convenir que nous ne savons rien des commencements de l'Égypte.

Les archéologues ont divisé les poteries de ce pays en quatre classes distinctes. Les premières, à pâte grise ou noire, sont mates et dépourvues de décor. Les secondes sont lustrées par un polissage exécuté au tour. Les troisièmes sont décorées de couleurs terreuses qui, sous l'action du feu, ont fortement adhéré à la pâte, la couvrant par places de nuances assez solides pour braver l'effort destructif de trois mille années. Les dernières, enfin, les plus curieuses à tous

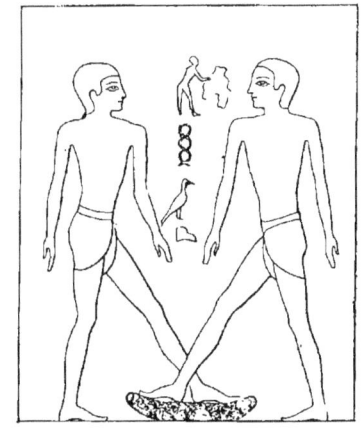

Fig 6. — Peintures de Beni-Hassan. Le *marchage*.

égards, désignées improprement sous le nom de *porcelaines* d'Égypte, consistent en ouvrages modelés dans une argile siliceuse d'une grande dureté, d'une remarquable blancheur, recouverte d'une épaisse glaçure ordinairement colorée en bleu turquoise ou en vert, fort brillante, mais toujours opaque, et dont la cassure, sans compacité et sans éclat, ne présente aucun des caractères de la véritable porcelaine[1].

1. La pâte de cette pseudo-porcelaine était, si nous en croyons M. Maspero, composée de plusieurs sortes de terre, « l'une blanche et sableuse, l'autre bise et fine, produite par la pulvérisation d'un calcaire spécial qu'on trouve en abondance aux environs de Qénéh, de Louxor et d'Assouan ; une troisième rougeâtre et mêlée de grès en poudre et de brique pilée ». (*Archéologie égyptienne*, p. 251.)

Constatons, en passant, que cette application d'une glaçure sur les poteries égyptiennes, au lieu de constituer une invention propre, semble avoir été plutôt une adaptation. Les riverains du Nil paraissent, en effet, avoir commencé par émailler la pierre. Si nous en croyons M. Maspero, la moitié des scarabées, des cylindres et des amulettes que renferment nos musées, et qui nous apparaissent revê-

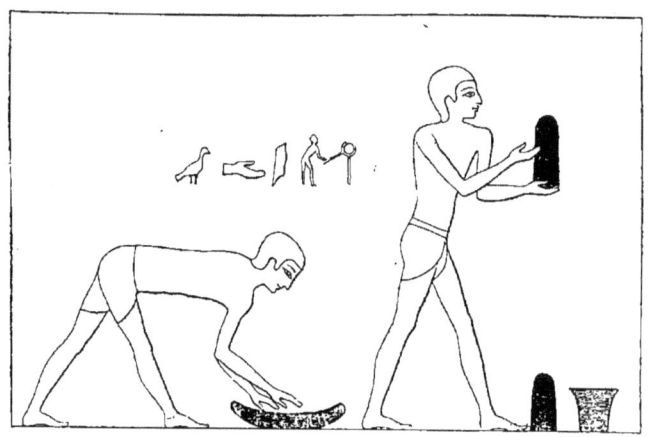

Fig. 7. — Peintures de Beni-Hassan. — La préparation de l'argile.

tus d'une glaçure colorée, sont faits en calcaire, en schiste ou en lignite. Quoi qu'il en soit, à une époque où le reste de l'Occident était plongé dans une barbarie rudimentaire, on fabriqua en Égypte des quantités de ces prétendues porcelaines : les plus anciennes simplement lustrées et ne présentant, sauf dans le creux des hiéroglyphes et des caractères, qu'un enduit luisant; les plus récentes, recouvertes d'une glaçure épaisse d'un beau bleu turquoise éclatant et profond.

Pour la décoration de ces jolies pièces, les Égyptiens employèrent aussi les émaux multicolores. On possède des vases, des bijoux, des amulettes, des bagues, des jouets, des fioles, décorés de fleurettes blanches et bleues, de poissons, de fruits, de grenades, de raisins, de luths. Les statuettes surtout attestent la variété et la richesse de leur palette.

Dans une petite figure du premier prophète, d'Amon Ptahmos, conservée au musée de Boulaq, les détails du maillot funéraire et les hiéroglyphes, gravés en relief sur un fond blanc d'une rare égalité, sont remplis d'émaux. Les mains sont bleu turquoise, et le visage de même nuance, est surmonté d'une coiffure rayée de jaune et de violet. Cette dernière

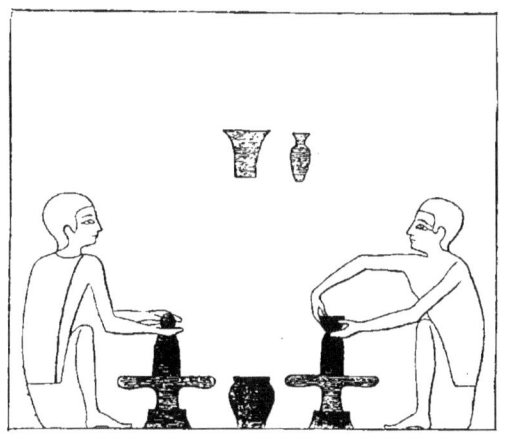

Fig. 8. — Peintures de Beni-Hassan. — Le tour.

couleur a également servi pour tracer l'inscription et décorer le vautour qui déploie ses ailes sur la poitrine du prophète. Cet assortiment de nuances, à la fois brillant et harmonieux, appliqué par une main expérimentée, est tracé avec une parfaite netteté et sans bavures.

Ajoutons que les potiers de ces temps lointains ne se bornèrent pas à fabriquer en poterie émaillée de menus objets tels que tasses, coupes, ampoules, écuelles, plats, ainsi que ces mille et un bibelots, que l'inviolabilité du cercueil a conservés jusqu'à nous. Ils exécutèrent dans un certain nombre d'édifices royaux des revêtements et des carrelages. Jusqu'au commencement de ce siècle, on a pu voir, dans la pyramide de Saqqarah, une chambre encore revêtue de sa parure céramique, qui, dans l'encadrement de la porte, montrait des bandes dont les hiéroglyphes bleus, rouges et verts, se détachant sur un fond chamois, relataient les titres de Pharaons, appartenant aux premières dynasties memphites. A une époque beaucoup plus récente, à Tell-el-Jahoudi, Ramsès III décorait un temple tout entier d'une sorte de mosaïque où la terre peinte et vernissée s'associait à la pierre. Il existe au Louvre des figures de prisonniers

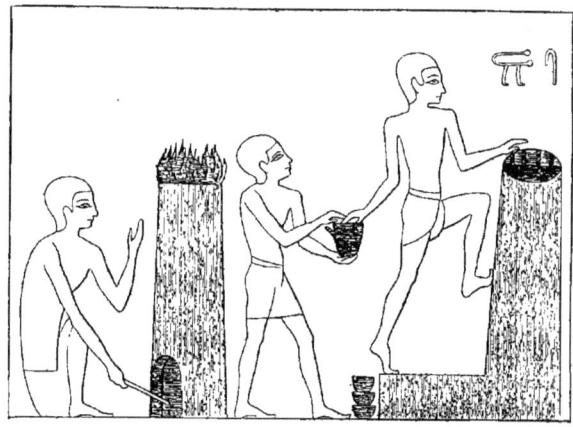

Fig. 9. — Peintures de Beni-Hassan. — Les fours.

provenant de ce temple aujourd'hui détruit, et dont la disparition est d'autant plus regrettable, qu'il constituait, dans l'histoire de l'art égyptien, un monument peut-être unique en son genre.

Ces poteries couvertes d'émaux et de glaçures représentent assurément dans la céramique égyptienne l'ordre le plus élevé. Mais celles qui, simplement lustrées au polissoir, ou revêtues d'une glaçure alcalino-terreuse extrêmement déliée, forment la seconde et la troisième classe, ne sont pas, pour cela, dépourvues d'intérêt. La pâte, relativement fine, a permis de donner à certains vases une forme élégante et décorée ensuite avec un goût rare.

Ces décorations, qui consistent le plus souvent en bandes de couleurs différentes alternant entre elles, en frises chargées de feuilles de lotus, de palmes, de poissons, de rangs de perles ou encore d'yeux mystiques, dessinés avec une grande franchise de pinceau, présentent un aspect harmonieux, beaucoup d'originalité et de caractère. Là encore, à côté des vases de volume restreint, il faut mentionner de grands ouvrages. Des couvercles de sarcophages furent exécutés par ces potiers primitifs. On en peut voir au musée de Sèvres un spécimen précieux, quoique malheureusement incomplet.

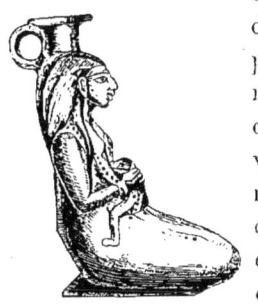

Fig. 10. — Flacon égyptien, terre lustrée.

Jusque dans leurs ustensiles les plus ordinaires comme composition de pâte et comme fabrication, les produits de ce peuple privilégié sont, au surplus, dignes d'être étudiés; car on y retrouve à l'état embryonnaire les belles formes que, plus tard, la Grèce et l'Étrurie sauront dégager de ces premiers essais. Enfin, grâce aux peintures si curieuses qui décorent les hypogées de Beni-Hassan (voir fig. 6 à 9), nous sommes initiés à toutes les opérations de la fabrication égyptienne.

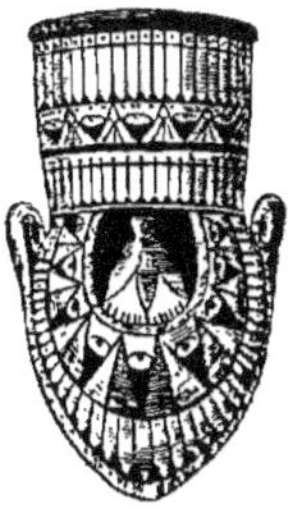

Ces précieux documents nous font assister, en effet, aux diverses phases que traverse la préparation d'une pièce céramique, depuis le *marchage* de la terre jusqu'à la cuisson. Ils nous apprennent, en outre, que deux mille ans avant notre ère les riverains du Nil connaissaient déjà le tour à main, et nous révèlent la forme primitive de leurs fours. Ce sont là des documents d'un prix inestimable.

Fig. 11. — Flacon égyptien, à décoration polychrome.

III

L'ASSYRIE. — LA CHALDÉE. — LA PHÉNICIE. — LA PERSE
LES FAÏENCES SICULO-ARABES ET HISPANO-MORESQUES.

Bien que les curieuses découvertes de M. Dieulafoy et les reconstitutions dont il a enrichi le Louvre aient eu, dans ces derniers temps, un retentissement aussi considérable que mérité, la céramique assyrienne non plus que celles de la Chaldée et de la Perse ne nous retiendront pas longtemps. Leur origine, en effet, comme leur développement sont demeurés fort obscurs. Là encore le mot archaïsme est à peu près sans signification.

« Au-dessous du palais d'Artaxerxès Mnémon gisait un édifice beaucoup plus ancien, construit en témoignage d'Artaxerxès par son grand-aïeul Darius, et incendié plus tard. Les substructions de ce monument ont été retrouvées sous une épaisse couche de gravier; mêlée à ces substructions, on a recueilli une frise émaillée, longue de 11^m,80, haute de 3^m,60, de la plus grande beauté et d'une conservation parfaite. Sur cette frise sont figurés en bas-reliefs douze archers de la garde royale avec le costume et les armes attribués par Hérodote au corps des Immortels, qui formaient l'escorte particulière de Xerxès. Les personnages sont représentés de profil, tenant en main une pique; sur leurs épaules sont jetés l'arc et le carquois. Ils sont habillés, comme les Arabes, d'une chemise à larges manches, d'une petite veste dont les manches tendues jusqu'au coude laissent passer les plis de la chemise et d'une jupe ouverte sur le côté; la tête est ceinte d'une couronne de corde, les pieds chaussés de brodequins à lacet. La chemise est noire ou jaune, l'habit est tantôt jaune, brodé d'étoiles bleues et vertes, tantôt blanc, brodé d'écussons armoriés ou de fleurs colorées, tantôt blanc, surchargé de marguerites bleues se détachant sur un cercle noir. Des galons de la plus grande richesse courent tout le long des vêtements; des bracelets et des pendants d'oreilles en or complètent ce luxueux uniforme [1]. »

Cette découverte fut, pour le grand public, une véritable révélation. Elle ne laissait pas, toutefois, d'avoir été quelque peu prévue par les archéologues. Les Assyriens avaient été gratifiés, par les écrivains anciens, du nom à la fois singulier et caractéristique de *pétrisseurs d'argile*. On se doutait bien que ce n'était pas sans quelque raison; et les érudits avaient pu relever dans Ézéchiel et dans Diodore de Sicile, sinon la description exacte de ces frises magistrales, du moins des indications révélatrices de leur existence.

Dans son étrange parabole des *Deux Sœurs débauchées*, Ézéchiel, en effet, nous montre une de ses héroïnes s'éprenant d'amour à la vue des guerriers portraits sur la muraille, ceints de baudriers, vêtus d'habillements flottants et ayant l'apparence de grands seigneurs, semblables, en un mot, aux enfants de Babylone, en Chaldée [2].

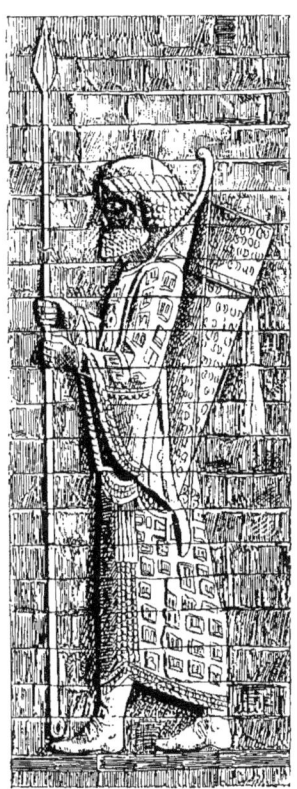

Fig. 12. — Archer de la garde de Darius (MUSÉE DU LOUVRE).

De son côté, Diodore de Sicile décrit, d'après Ctésias,

---

1. *Compte rendu de l'Acad. des inscriptions*: séance du 9 juillet 1886.
2. Ézéchiel, chap. XXIII, versets 14 et 15, dans la *Bible* de J.-F. Ostervald, 679ª.

médecin d'Artaxerxès, les murailles du palais « faites de briques crues sur lesquelles se dessinaient en relief les figures de toutes sortes d'animaux, peintes avec un art si parfait qu'elles semblaient vivantes ». Enfin les fouilles pratiquées dans les ruines de Babylone et de Ninive par MM. Botta, Loyard, V. Place et Delaporte, avaient, grâce à quelques fragments pieusement recueillis, permis de constater la véracité des récits d'Ézéchiel et de Ctésias.

Mais les briques si curieuses rapportées par M. Dieulafoy, n'ont pas d'intérêt qu'au point de vue décoratif. Elles ont été examinées « en céramiste » par M. Deck ; et l'éminent administrateur de Sèvres a pu découvrir qu'elles « sont faites avec une terre sableuse, ou plutôt avec du sable aggloméré avec un peu de terre et des frittes alcalines ». Il a reconnu, en outre, que « les lignes du dessin ont été posées au pinceau », que « dans les cloisons ainsi obtenues on a déposé des émaux, et que, de cette façon, on a empêché les couleurs de se mêler à la cuisson[1] ». Une autre constatation technique et non moins importante résulte de l'analyse des émaux dont ces briques sont en partie couvertes. Cette analyse démontre que certains d'entre eux ont pour base un oxyde d'étain. On voit par là que la prétention de faire honneur à Lucca della Robbia de la découverte des émaux stannifères est quelque peu téméraire.

Comment furent exécutées ces frises, dont l'effet devait être à la fois étonnamment riche et grandiose ? On suppose qu'après avoir été séchées au soleil comme les briques ordinairement employées par les Égyptiens et les Chaldéens, elles étaient peintes sur le cru, c'est-à-dire avant d'avoir subi aucune cuisson, puis dressées en muraille et de façon à présenter leur face décorée autour d'un espace arrondi, dans lequel on faisait un feu assez intense pour cuire la terre et faire fondre l'émail.

---

1. *La Faïence,* p. 20.

Quoique ce procédé puisse sembler extraordinairement primitif, cette fabrication a été considérée par les gens les plus compétents comme tout à fait digne de servir, encore aujourd'hui, de modèle pour la décoration céramique appliquée à l'architecture.

On peut s'étonner, après cela, que les Chaldéens et les

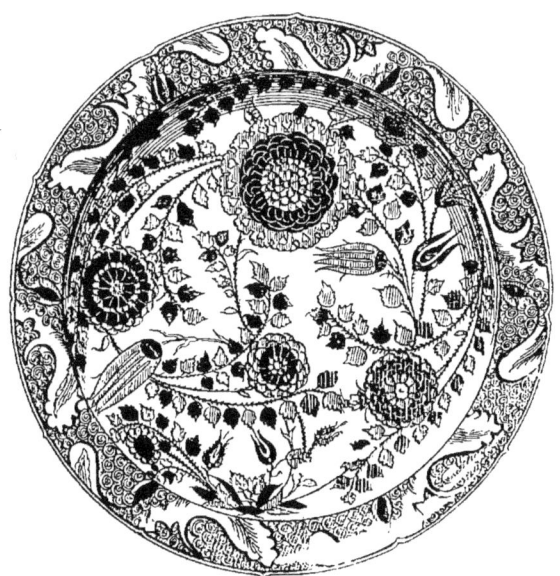

Fig. 13. — Grand plat à reflets métalliques. (Ile de Rhodes.)

Assyriens, si habiles à tirer parti, dans leurs constructions, des ressources de la céramique, n'aient produit que des poteries de service de qualité très secondaire. Cela semble d'autant plus étonnant, qu'ils étaient en possession d'une argile très fine, très pure, d'une plasticité remarquable, qui leur servit à consacrer pour l'éternité le souvenir des engagements contractés et des événements historiques. Le British Museum ainsi que le Louvre possèdent, en effet, un grand nombre de briques, de plaques, de cylindres en terre cuite, où sont tracés en caractères cunéiformes des bulletins de victoire, des généalogies, des contrats de vente, des actes de mariage, des donations, etc.

Fait plus surprenant encore, la Phénicie, qu'on croit avoir exercé une influence déterminante sur la décoration des vases grecs, et sur le développement des arts céramiques de la Corinthie, de la Béotie, de la Crète, des îles de la mer Égée et de Chypre, la Phénicie n'est guère plus riche que l'Assyrie et la Chaldée. Les tombeaux de cette contrée, bien pourvus en joyaux d'or et d'argent, n'ont presque pas fourni de vases ni de statuettes ; et Ézéchiel[1], qui énumère avec un soin tout particulier les nombreux articles que Tyr, placée « aux avenues de la mer et qui fait métier de vendre aux peuples étrangers », exportait alors dans tout le monde connu, Ézéchiel mentionne, parmi les marchandises dont Tyr « a rassasié les peuples et enrichi les rois », l'argent, l'étain, le fer, le plomb, les vases d'airain, l'ivoire, l'ébène, le corail, les agates, les escarboucles, les pierres précieuses, les coffres de cèdre, les draps de pourpre, l'écarlate, la laine de Damas, les draps de Dan, les broderies et les drogues (parfums) les plus exquises. Il ne dit pas un mot de l'art qui nous intéresse ni de ses productions variées.

Que faut-il conclure de ce silence? Doit-on en inférer que les habitants de ces pays particulièrement riches prisaient uniquement les métaux précieux, et que la céramique, sans valeur à leurs yeux, était réservée pour les usages les plus vulgaires ?

Doit-on croire plutôt qu'à partir du VIIIe siècle avant Jésus-Christ, la production d'Athènes et de Corinthe, si supérieure par la beauté de ses formes et l'élégance de son décor, fut seule goûtée au dehors et par conséquent seule exportée en Sicile, en Afrique et dans la Grande-Grèce? Autant de points obscurs, et ce mystère impénétré peut

---

1. Ézéchiel, *ibid.*, chap. XXVII, verset 3.

sembler d'autant plus surprenant, que ces émaux, dont les Chaldéens faisaient un si riche emploi, furent, jusqu'à la création de l'empire de Byzance, complètement ignorés des potiers grecs. Plus tard il n'en est plus ainsi. Dans un des chapitres de son curieux *Traité de divers arts* consacrés à la Verrerie, le moine Théophile nous montre, au XI° siècle, les artisans grecs — et par ce mot grecs il faut entendre tous les sujets de l'empire d'Orient — en possession du secret d'émailler les vases de terre[1]. Nous savons, en outre, qu'un voyageur persan, Nassiri Khosran, visitant de 1035 à 1043 la Syrie, la Palestine et l'Égypte, constata au Caire la vente de poteries translucides, sans doute importées de Chine, et de faïences

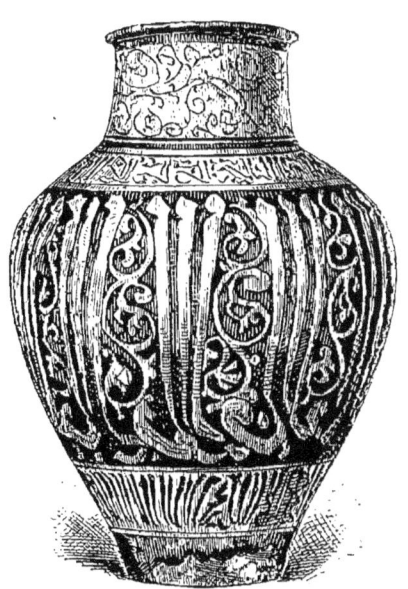

Fig. 14. — Vase en faïence siculo-arabe.

1. « DES VASES D'ARGILE PEINTS DE DIFFÉRENTES COULEURS DE VERRE. — Ils font aussi des coupes, des navettes et autres vases d'argile, qu'ils peignent de cette manière. Ils prennent des couleurs de toute espèce, ils broient avec de l'eau, chacune séparément ; à chaque couleur ils mêlent un cinquième de verre de même couleur, broyé à part avec de l'eau ; ils en peignent des cercles, des arcs, des carrés, et dans ces figures, des animaux, des oiseaux, des feuillages ou toute autre chose à volonté. Après avoir ainsi orné les vases de peintures, ils les mettent dans le fourneau du verre à vitre, y allumant un feu de bois de hêtre sec, jusqu'à ce que, environnés par les flammes, ils soient chauffés au blanc. Alors ils retirent le bois et bouchent le fourneau. Ils peuvent ainsi à volonté décorer çà et là les mêmes vases avec de la feuille d'or ou de la poudre d'or et d'argent de la façon

à reflets métalliques[1]. Une tradition recueillie par M. Salzmann rapporte que Héron de Villeneuve, vingt-cinquième maître de l'ordre de Saint-Jean de Jérusalem, ayant capturé un certain nombre de Sarrasins, parmi lesquels se trouvaient des faïenciers persans, utilisa les connaissances de ces derniers en établissant à Lindos, dans l'île de Rhodes, une manufacture dont les produits furent particulièrement appréciés. Un géographe arabe, Ibn Batoutah[2], originaire de Tanger, constate qu'en 1350 il existait à Malaga une fabrique de poteries dorées, qui exportait ses produits dans les contrées les plus lointaines. Enfin, dans les grands inventaires français du xiv° et du xv° siècle, on constate la présence d'un nombre relativement important de poteries d'origine orientale d'abord, de Rhodes ensuite, puis de Majorque et enfin d'Espagne[3].

Ces divers textes, rapprochés avec soin, ne semblent-ils pas établir d'une façon péremptoire que l'art de façonner les poteries et d'émailler la terre ne fut jamais perdu, comme on l'a bénévolement supposé? Ne prouvent-ils pas que, parti de Syrie et de Chaldée, où le secret des glaçures s'était

---

déjà indiquée. » (*Theophili presbyteri et monachi libri III, seu diversarum artium schedula*, p. 95.)

1. *Relation du voyage de Nassiri-Khosrau*, traduite et annotée par Ch. Schefer ; cité par Deck.
2. Cité par le baron Davillier dans son *Histoire des faïences hispano-moresques* ; Paris, 1861.
3. C'est ainsi que dans l'*Inventaire de Charles V* (1380) nous remarquons, au nombre des joyaux les plus précieux, « ung petit pot de terre en façon de Damas ». Dans l'*Inventaire du château de Vincennes* (1418) figure pareillement « ung petit pot de terre à fasson de Damas lequel est rompu ». L'*Inventaire du château d'Angers* (1471), résidence du roi René, mentionne « un lamperon de terre blanche peint à fleurs perses. — Ung grand plat de terre de Valence où a ou fons un eigle — Ung bassin de pareille terre où a ou fons un lyon ». Les *Comptes* de ce roi nous apprennent, en outre, qu'il acquit en 1447 « trois plats de terre mailloresque » (c'est-à-dire provenant de Majorque. C'est cette île qui a donné son nom à la Majolique, appelée d'abord *Majorica*). Et dans l'*Inventaire de Jacques Cœur* (1453) figurent également « cinq platz et cinq potz de terre ouvraige de Valence ».

conservé, il traversa l'Égypte, gagna Tlemcen, où l'on voit encore dans le sanctuaire de Bou-Médine de merveilleux vestiges de son passage, pénétra à Tanger, passa en Espagne, en même temps que, par la Méditerranée, il prenait

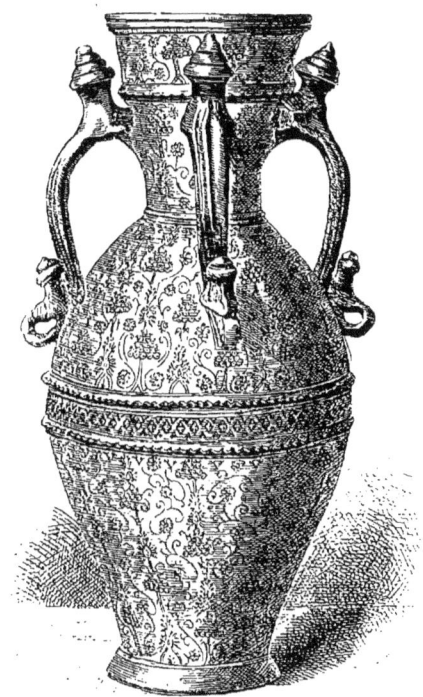

Fig. 15. — Grand vase à reflets métalliques, en faïence hispano-moresque.

pied à Rhodes et de là rayonnait sur Majorque et la Sicile? Cette filière est d'autant plus curieuse à suivre, cette marche est d'autant plus intéressante à constater, que l'aspect des faïences persanes à toutes les époques — aussi bien que la décoration de celles qu'on a baptisées, suivant leur lieu de provenance, faïences de Rhodes, faïences *siculo-arabes* ou *hispano-moresques* — est extrêmement remarquable.

Ces belles céramiques, ornées de fleurs *stylisées,* c'est-à-dire traitées à un point de vue essentiellement ornemental, étalent sur leurs vastes parois, des cyprès, des roses, des œillets, des jacinthes ou même des fleurs de lis, comme on peut le voir sur un superbe plat que possède le musée de Cluny. Quelques-unes, plus particulièrement attribuées à l'Espagne, montrent des personnages entourés d'inscriptions chrétiennes. On donne à Valence, notamment, celles qui, à cause de saint Jean, patron de la ville, représentent un aigle — comme le grand plat que possédait le roi René — ou sur lesquelles on lit le verset qui commence l'Évangile : *In principio erat Verbum...* Quant aux poteries siculo-arabes, leur pâte plus siliceuse, leur glaçure épaisse, dont la coulure se termine souvent par de grosses gouttes figées, leur décoration d'un caractère archaïque, faite parfois de caractères arabes formés par des mains ignorantes de leur signification, et cernées par un trait noir réchampi de gris bleu, permettent assez facilement de les reconnaître. Mais toutes, ne craignons pas de le redire, se recommandent par l'allure magistrale de leur décoration et par son grand caractère.

Nous aurons occasion, au surplus, de revenir sur ces céramiques si particulières, qui servent de trait d'union entre l'Orient et notre pays. Il nous faut, pour le moment, faire un retour en arrière et dire quelques mots de la céramique grecque et latine.

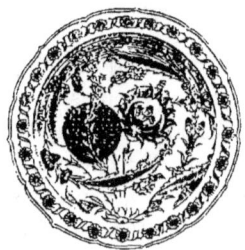

Fig. 16. — Assiette en faïence de Rhodes.

IV

LA GRÈCE

Avec la Grèce, nous entrons dans une période de l'histoire de la Céramique qu'on peut qualifier de triomphante, période d'autant plus digne d'être admirée qu'elle montre comment l'art, ennoblissant tout ce qu'il transforme, arrive à donner aux substances les plus vulgaires un prix inestimable.

Ce n'est pas, en effet, par la qualité de sa pâte, par la finesse de son grain, par le charme de sa couleur, par l'éclat et la richesse des émaux, que cette fabrication unique en son genre se recommande. Rien de cela n'intéresse en elle. Elle tire toute sa valeur de l'élégance et l'harmonie de ses formes, de la pureté de ses contours, de l'ampleur et la logique de sa décoration.

Des écrivains se sont étonnés, non sans quelque apparence de raison, que, placés si près de l'Asie, en relations constantes non seulement avec Tyr et la Phénicie, mais encore avec l'Assyrie et la Chaldée, les Grecs n'aient point essayé d'emprunter à ces contrées voisines, cette palette brillante dont les Assyriens avaient fait, dans l'architecture, un si opulent usage. Rien, apparemment, ne leur eût été plus facile. Ils préférèrent inventer sinon de toutes pièces, du moins à l'aide de transformations successives, un art nouveau, vivante expression de leur merveilleux génie. Et de la sorte ils se montrèrent dans le domaine de la Céramique, ce qu'ils furent dans d'autres branches de l'Art, d'admirables créateurs.

L'histoire de la céramique grecque n'est plus à faire. Elle a été écrite d'une façon magistrale par MM. Olivier Rayet et Maxime Collignon[1], avec une sûreté de critique,

1. *Histoire de la céramique grecque*, par MM. Olivier Rayet et Maxime Collignon; Paris, G. Decaux éditeur, 1888.

une abondance de recherches, une variété d'informations, auxquelles on ne saurait, pour le moment, rien ajouter ni reprendre.

Ce n'est pas que toutes les obscurités qui planaient sur cette histoire, considérable à tant de titres, aient été complètement éclaircies. Quelques points, certes, prêtent encore à la controverse. Mais depuis cinquante ans, grâce au dévouement de jeunes érudits, l'étude de la céramique antique est entrée dans une voie absolument nouvelle, où la lumière se fait progressivement. Aventure à peine croyable, dispersés dans le sol, enfouis sous les ruines des villes, reposant dans le silence des tombeaux, ces vases, jugés autrefois si précieux, que les Athéniens, si l'on en croit Pline, élevèrent des statues à ceux qui les avaient exécutés et frappèrent des médailles en leur honneur, ces vases demeurèrent absolument ignorés pendant plus de quinze siècles. Et quand, à la suite de fouilles heureuses, ils commencèrent à reparaître à la surface du sol, « les archéologues, enthousiasmés par le jour nouveau que jetaient sur l'étude de la religion et des mœurs de l'Antiquité les innombrables sujets mythologiques et les scènes héroïques ou familières que représentaient ces vases, ne les étudièrent, comme le remarque fort bien M. Garnier, qu'au seul point de vue iconographique, sans tenir aucun compte de leur provenance, et sans chercher à déterminer l'âge des sépultures dans lesquelles on les avait trouvés »[1].

Aujourd'hui, par suite de la tournure moins exclusive que les études archéologiques ont prise, on peut essayer d'envisager la céramique grecque à un point de vue nouveau, et de reconstituer brièvement son histoire, non seulement comme technique et comme décoration, mais encore en tenant compte de la chronologie et des provenances.

La composition des pâtes céramiques en Grèce a natu-

---

1. Garnier, *Histoire de la céramique*, p. 69.

rellement varié suivant les époques et les lieux de fabrication. Bien mieux, dans un même atelier, elle n'offre pas toujours des caractères identiques. La qualité de l'argile, en outre, diffère d'une façon singulière d'un point à un autre du territoire. L'argile blanche des environs de Tanagra et de la Corinthie n'a ni le même aspect ni la même plasticité que la célèbre « terre attique », légèrement ferrugineuse et par conséquent rouge après sa cuisson. Ajoutons

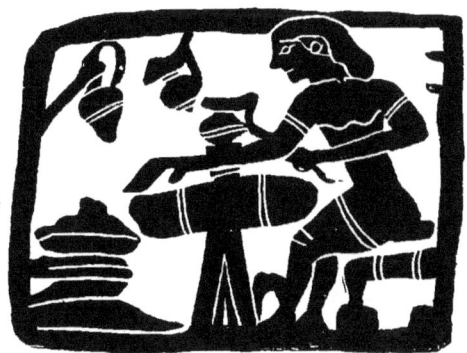

Fig. 17. — Plaque décorée en noir, représentant un potier grec tournassant un vase.

qu'en Corinthie, aussi bien qu'à Athènes, les céramistes procédaient à ces mélanges et à ce dégraissage dont nous avons, dans notre premier volume, expliqué la nécessité[1]. Nous y avons indiqué également la proportion moyenne dans laquelle se trouvent répartis les divers éléments qui composent les poteries grecques.

Ces terres, lavées avec soin, décantées, pétries par le marchage, rendues ainsi homogènes et débarrassées des matières organiques, étaient après cela soumises aux opérations successives du façonnage au tour, du tournassage; puis, quand cette double façon, à laquelle les Anciens atta-

---

1. Voir notre volume sur la *Fabrication*, p. 13.

chaient une importance considérable[1], était achevée, quand le tournassage avait assuré la forme définitive du vase et donné à ses parois toute la légèreté possible, l'artiste faisait sécher celui-ci, soudant les parties accessoires, et le polissait ensuite. Une fois poli, le vase passait entre les mains des peintres, et ceux-ci, à l'aide des moyens les plus simples et des procédés les moins variés, surent, pendant près de cinq cents ans, obtenir les effets les plus surprenants et les plus divers.

On divise la décoration de la céramique grecque en trois périodes principales, caractérisées chacune par une méthode particulière d'entendre le décor : la première comportant des figures noires, se détachant sur le fond du vase rouge ou gris blanchâtre, suivant la qualité de la terre employée; la seconde nous montrant des figures rouges ou grises s'enlevant en clair sur un fond noir; la troisième comprenant les poteries à fond blanc.

Pour les premières, l'exécution était des plus élémentaires. Le peintre, une fois sa composition arrêtée, traçait au pinceau le contour de ses figures, et remplissait l'intérieur de ce contour avec sa couleur; puis, par un travail de pointe, il revenait sur cette masse noire, et, à l'aide d'un certain nombre de traits, il en éclairait l'ossature et la musculature, détachait les yeux, les cheveux et la barbe, soulignait les détails de l'armement et du costume, et achevait de donner ainsi aux personnages représentés, leur caractère et leur physionomie.

Cette première méthode, longtemps adoptée sans partage, resta en honneur jusqu'au ve siècle. C'est alors que la peinture à figures rouges ou grises commença à s'enlever sur des fonds noirs. Pour conserver à ces person-

---

1. Pline (*Hist. nat.*, XXXV, 45) rapporte que l'on conservait dans le temple d'Érythrée deux amphores remarquables par leur peu d'épaisseur, et qui étaient le résultat d'un concours entre un maître potier et son élève.

nages la correction de leur silhouette, le peintre dut tout d'abord tracer avec un matoir le contour des parties qui devaient être réservées. Ce contour lisiblement écrit, il exécutait son fond et revenait ensuite dans ses réserves, pour exécuter les traits du visage, le détail des muscles, les plis

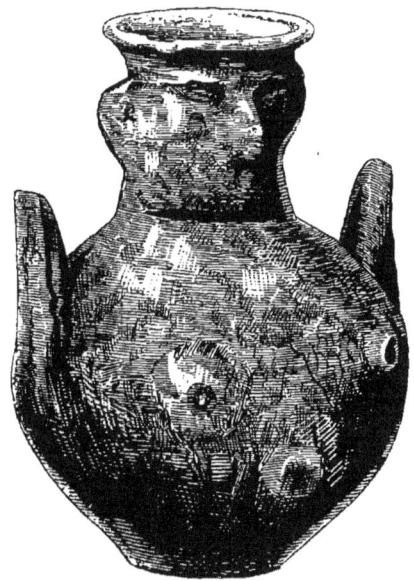

Fig. 18. — Vase à forme humaine trouvé par M. Schliemann, à Hissarlik.

innombrables des vêtements légers, précisant la forme du corps, les armes, les bijoux et les mille accessoires de la toilette.

Ajoutons que ces deux méthodes se compliquèrent, dans la pratique, par l'adjonction d'engobes colorés, appliqués après une première cuisson, et qui vinrent rehausser de tons jaunes, rouges ou blancs les masses sombres et monotones de la peinture. Une seconde cuisson était nécessaire après l'adjonction de cet engobe. Nous avons trop soigneusement décrit cette délicate application dans notre premier volume pour y revenir [1].

Ces diverses opérations succinctement résumées, abordons l'histoire de ces précieuses céramiques. On s'accorde pour ranger parmi les poteries grecques les plus anciennes, celles découvertes à Hissarlik par M. H. Schliemann. Elles sont antérieures, en tout cas, au XIIe siècle avant notre ère. L'argile en est grossière, caillouteuse, encore remplie de graviers. Les formes en sont déjà remarquablement variées, et présentent un caractère pratique qui nous décèle l'usage de la plupart d'entre elles. On y démêle les ancêtres des *œnochoés*, des *prochoï*, des *canthares*. Beaucoup d'entre elles, en outre, sont ornées de ces rudiments de visage et de ces organes qui, plus tard, inciteront les Grecs à identifier la forme des vases avec la forme humaine.

Les poteries de l'île de Santorin (ancienne Théra), quoique remontant à une époque aussi reculée [2], sont d'une fabrication supérieure et d'un sentiment artistique plus développé. Surpris par une éruption volcanique, comme à Pompéi, les antiques habitants durent abandonner précipitamment leurs modestes demeures, qui nous ont conservé, sous d'énormes couches de pouzzolane, toute une suite de spécimens de vases plus commodes et plus élégants que ceux d'Hissarlik, montrant des formes empreintes déjà d'une certaine recherche, et d'autant plus intéressants qu'on y trouve des essais originaux de décoration, empruntés directement à la faune et à la flore de la contrée.

Cette dernière constatation, au surplus, n'est pas particulière à Théra. Les territoires de Milo, de Sikinos, de Cnossos en Crète, d'Ialysos dans l'île de Rhodes, ont fourni un certain nombre de vases marquant ces mêmes préoccupations, avec des formes plus fines, plus étudiées, et une

---

1. Voir la *Céramique; Fabrication*, chap. IV.
2. Voir Dumont et Chaplain, *les Céramiques de la Grèce propre*, 1re partie, ch. II.

part plus considérable dans la décoration réservée à la peinture. Toutefois il y a lieu de croire que ces dernières poteries sont sensiblement plus récentes.

Il n'en est pas de même pour les spécimens trouvés dans les sépultures de l'acropole de Mycènes, qui remontent au commencement du xiie et même au xiiie siècle. Tout en conservant les mêmes éléments comme forme et la même inspiration décorative, ces vases témoignent de plus de hardiesse dans l'exécution, de plus de savoir et de variété dans l'application de la peinture, et présentent de premières tentatives de glaçure.

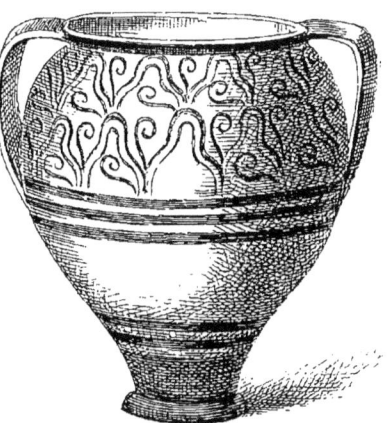

Fig. 19. — Vase à décor géométrique provenant de l'île de Rhodes.

Les produits de ces divers centres archaïques ne sauraient fournir, toutefois, les bases d'une chronologie bien sérieuse; mais ils méritent de n'être pas oubliés. A travers des essais d'une gaucherie naïve, ils révèlent une rare fermeté de conception, une délicatesse singulière de sentiment, et laissent prévoir le développement que prendra, par la suite, cet art encore enfantin et malhabile. Enfin ils montrent le début d'un mode d'ornementation qui, pendant une période de plusieurs siècles, sera généralement adopté en Grèce.

Les invasions qui suivirent la destruction de l'empire dardanien ne transformèrent pas, comme on aurait pu le croire, l'esthétique de la céramique grecque. Bien que les formes animales et les figures humaines aient commencé, dès lors, à se manifester en longues théories sur la panse des vases, les ornements d'invention pure jouent encore un rôle si prépondérant dans leur décoration, qu'on n'a pas hésité à englober les ouvrages de cette période (dont les tombeaux hellènes et surtout les sépultures athéniennes ont fourni de si remarquables exemples) dans le cycle de l'*ornementation géométrique* [1]. Cette annexion, il faut en convenir, n'est pas d'une exactitude irréprochable. Mais ces interprétations de la nature, résultat d'un parti pris si volontairement conventionnel, sont empreintes d'une originalité si particulière, et en même temps se distinguent par une vitalité si étrange, qu'assurément elles se rattachent moins à l'art dont elles sont suivies qu'à l'art précédent. Aussi, faute de savoir comment les classer, a-t-on dû, pour les définir, tenir compte de celle de leurs particularités qui a paru la plus foncièrement caractéristique.

A cette période autochtone succède une période d'imitation, et l'on pourrait dire d'initiation. Des dernières années du IXe siècle jusqu'au milieu du VIIe, les familles patriciennes de la Grèce tirèrent de Phénicie d'abord, puis d'Égypte et de Lydie, la plupart de leurs meubles de luxe, et surtout les étoffes dont elles s'habillaient ou dont elles paraient leurs demeures. Et ces tissus, importés de Sardes, Tyr et Sidon, jouirent alors d'une telle faveur, que les céramistes n'hésitèrent pas à s'inspirer de motifs que la mode avait consacrés.

Durant cette nouvelle période, les méandres, les postes, les dents de loup, les triangles, rappellent l'esthétique précédente et l'ornementation géométrique qui en formait la base. Mais ces éléments archaïques se compliquent du chapiteau à volute, dont les palmiers de la Mésopotamie, de la Syrie, ont fourni l'idée, de lions hérissés aux crinières invraisemblables, de panthères dessinées d'une façon purement décorative, de l'antilope et du chacal qui pullulent

---

1. Voir Olivier Rayet et Maxime Collignon, *Histoire de la Céramique grecque*, p. 19 et suiv.

en Égypte et en Syrie, mais qui n'ont jamais existé en Grèce, mêlés à des dieux que les Hellènes n'ont jamais connus.

Cet art d'importation, qui se traduisit par une foule d'œuvres essentiellement remarquables, dans lesquelles les engobes commencent à jouer un rôle important, ne se contenta pas d'exercer son influence dans les îles de la côte ionienne. Il pénétra plus profondément encore dans les îles de la mer Égée, imposant aux artistes son style com-

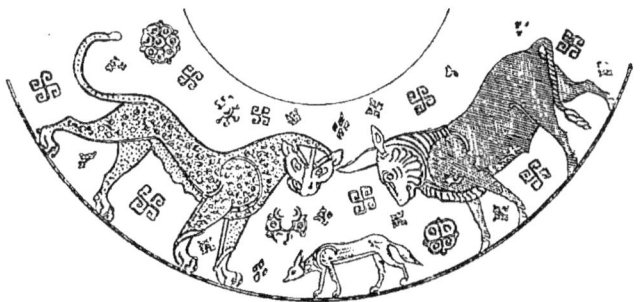

Fig. 20. — Détail d'une œnochoé montrant un chacal entre un tigre et un auroch. (MUSÉE DE L'ERMITAGE.)

posite, où les traditions orientales occupaient une place d'honneur. Rhodes et Melos ont fourni, dans ce genre, des vases d'une importance capitale. A Égine, à Samos, on en a trouvé également.

Chacun de ces centres, toutefois, subissait, suivant ses relations, une influence particulière. Mais dans un pays d'aussi peu d'étendue que la Grèce, les échanges faciles et journaliers devaient, par une pénétration réciproque, entraîner l'unification des styles. Celle-ci se manifesta dès la fin du VIIe siècle par la production, sur divers points du territoire, de monuments présentant entre eux des caractères communs, et dont la physionomie hybride dénonce la collaboration inconsciente d'ateliers assez éloignés les uns des autres.

Bientôt la sève autochtone se dégagea de ces impressions étrangères. Peu à peu aux divinités de l'Assour ou de l'Aram, aux représentations de Nisrok, d'Anat, de Dagan, d'Aschtoreth, vénérés par les Phéniciens et les Chananéens, se substituèrent les images des dieux et des héros de l'Hellade, et la ménagerie asiatique fit place aux scènes de la mythologie.

Longtemps encore, le grec et l'asiatique, toutefois, resteront mélangés; et la panse ornée de deux frises d'animaux sera surmontée d'un couvercle, présentant une chasse au sanglier avec les noms des chasseurs tracés auprès de chacun d'eux. A Corinthe même, dont les beaux vases devaient jouir à Rome, aux premiers temps de l'Empire, d'une renommée si grande et valoir à Auguste, si l'on en croit Suétone, l'étrange surnom de *Corinthiarius,* à cause de la passion qu'il mit à les collectionner; à Corinthe, le style asiatique persista jusqu'à la fin du ve siècle, et les potiers se complurent dans cette fabrication pseudo-archaïque, qui répondait sans doute aux goûts d'une clientèle à la fois nombreuse et riche.

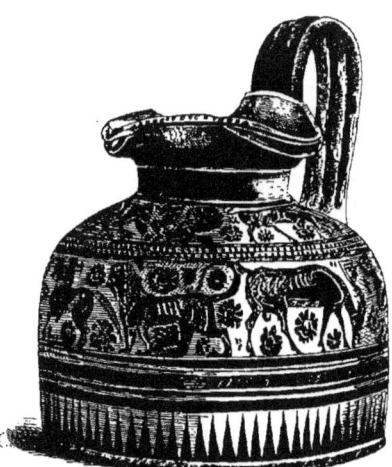

Fig. 21. — Vase corinthien décoré d'animaux asiatiques.

Dans d'autres contrées, toutefois, cette production mixte devait bientôt prendre fin. Les céramistes, qui commençaient à signer leurs œuvres d'une façon très apparente, allaient mettre leur amour-propre à interpréter à leur manière les fastes de leur propre patrie. Tels étaient Gamédès, l'auteur de l'œnochoé du Louvre; Debutadès, dont le nom devait rester mêlé à une gracieuse légende; Cléonès et surtout Ergotimos et Clitias, qui couvrirent le vase fameux, retrouvé par Alessandro François, de frises représentant le *Retour de Thésée*, la *Chasse au sanglier de Calydon*, les *Funérailles de Patrocle*, le *Combat des Centaures et des Lapithes*, le *Mariage de Thétis et Pélée*, *Achille poursuivant Troïlos et Polyxène*, et le *Retour d'Hephæstos dans l'Olympe*, etc., le tout accompagné de près de cent vingt inscriptions donnant les noms des personnages et ceux mêmes des objets qui, dans cette succession de scènes fabuleuses, jouent le rôle d'accessoires.

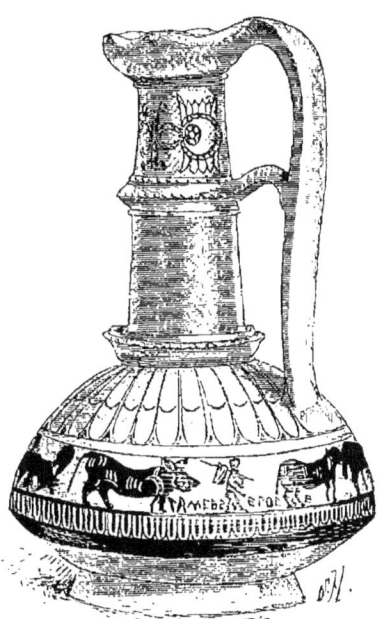

Fig. 22. — Œnochoé portant la signature de Gamédès. (MUSÉE DU LOUVRE.)

Cette révolution, en outre, n'allait pas se borner à un choix de sujets mieux appropriés aux origines et à l'histoire de la Grèce. La prise de Sardes par Cyrus et la conquête de la Phénicie par Cambyse, en remplaçant des États pacifiques par un empire militaire aux tendances guerrières et envahissantes, rompit toute relation commerciale entre ces pays et l'Europe. En même temps, comme s'ils eussent été éclairés par une sorte de prescience des grands événements qui allaient s'accomplir, les Grecs changèrent brusquement et d'esprit et de mœurs. Le goût et l'ostentation de la parure, si chers aux siècles précédents, firent place à une préférence très marquée pour une austérité relative. Les hommes cessèrent de tresser leurs cheveux; ils quittèrent les costumes brodés; et toute leur élégance consista désormais dans le correct arrangement de leur chlamyde, et dans la rectitude des plis formés par leur manteau de laine.

Les arts céramiques suivirent naturellement cette transformation. Ils renoncèrent à l'opulence du nombre. A la multiplicité des épisodes, à la complication débordante de la décoration, ils substituèrent une noble simplicité. La panse des vases, au lieu de présenter une succession de frises superposées, fut entièrement occupée par une scène unique. Grandis et plus largement traités, les personnages virent leurs proportions mieux observées. Leurs mouvements prirent de l'aisance; leur musculature, quoique encore exagérée, fut indiquée d'une façon plus correcte. L'ordonnance des scènes mieux composées, équilibrée avec plus de soin, revêtit, en outre, une allure magistrale. Le sujet fut condensé en quelque sorte; les groupes, moins nombreux et plus resserrés, furent massés avec plus d'habileté et de science, et les accessoires aussi bien que l'ornementation courante, réduits à un rôle subalterne, ne réclamèrent plus que la part d'attention à laquelle ils avaient droit. Cette façon plus synthétique de comprendre la décoration de leurs ouvrages, ne détourna pas, toutefois, les potiers grecs du soin qu'ils donnaient à leurs précieux travaux. Sur certains vases, sur ceux, entre autres, qui devaient immortaliser le nom d'Exekias, les moindres détails sont reproduits avec une précision et une finesse incomparables. Enfin, s'ils ne renoncèrent pas entièrement aux engobes dont les couleurs variées égayaient la surface de leurs vases, les artistes de ce temps n'en firent plus qu'un usage très sobre, de façon à rendre les lignes plus faciles à suivre, et l'effet général à la fois plus sévère et plus harmonieux. Et c'est ainsi que la céramique grecque aborda cette période dont nous parlons plus haut, et qui se caractérise par ces belles figures noires d'une ampleur si puissante.

Rien ne prouve mieux, au reste, la faveur avec laquelle ces vases, si bien compris à tous égards, furent accueillis à leur apparition, que la résolution prise par les magistrats d'Athènes de les donner en récompense aux vainqueurs des

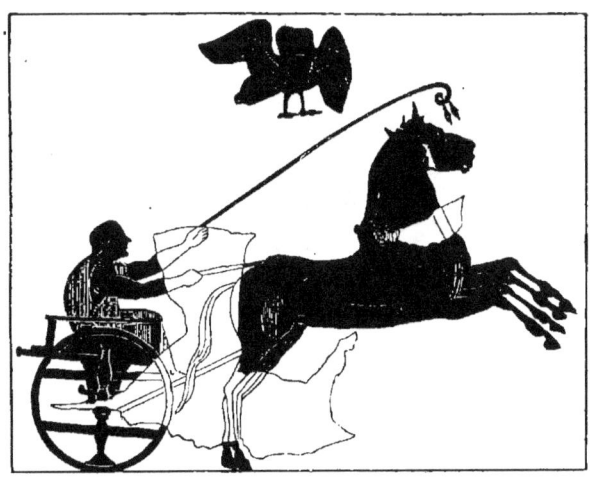

Fig. 23. — Groupe décorant une amphore panathénaïque.
(BRITISH MUSEUM.)

concours panathénaïques. Ceux-ci les emportaient avec orgueil dans leurs demeures, où ils étaient conservés pieusement par la famille comme un titre de gloire, jusqu'au jour où, pour honorer au delà même de la mort celui qui les avait su mériter, on les plaçait sur son tombeau.

Une autre marque de l'importance alors accordée à la céramique, c'est l'usage des plaques qui commença à se généraliser. Nous avons vu que les Assyriens et les Chaldéens avaient fait servir leurs briques et leurs cylindres à la constatation de certains actes et des contrats intervenus entre eux. En Grèce, les peintres céramistes furent également chargés de consacrer par leur pinceau les événements mémorables qui survenaient dans les familles, et les invocations adressées aux dieux. C'est ainsi que nous possédons un nombre assez considérable de plaques représentant des cérémonies funèbres, empreintes d'une dignité austère et d'un sentiment douloureux qui n'est pas sans grandeur, ainsi que des ex-voto destinés à orner les temples.

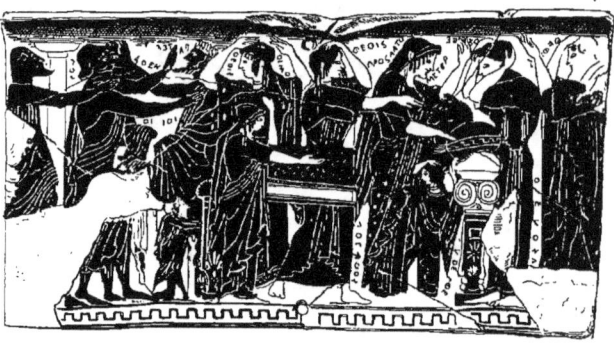

Fig. 24. — Plaque décorée, représentant une cérémonie funèbre.
(MUSÉE DU LOUVRE.)

Les vases a figures réservées. — Il s'en faut de beaucoup que les classifications adoptées par l'archéologie pour éclaircir les problèmes qu'elle s'efforce de résoudre, reposent toujours sur des divisions chronologiques parfaitement délimitées. On est généralement d'accord pour faire succéder la peinture des vases à figures rouges, à la peinture des vases à figures noires; mais bien longtemps avant que celle-ci eût rien abdiqué de la faveur avec laquelle elle avait été accueillie, celle-là était pratiquée avec un succès non moins grand, et par de très remarquables artistes.

C'est en plein ve siècle, dans cette période de cinquante années où se manifesta la complète éclosion du génie grec, que ce nouveau mode de décor fut adopté. Aucune époque, du reste, dans l'histoire du monde, ne fut plus propice à la production des belles œuvres. C'est le moment où, de toutes parts, sur ce sol béni s'élèvent ces temples incomparables dont la tranquille majesté et la superbe harmonie resteront des modèles éternellement admirables; où des statues merveilleuses se dressent sur les places publiques, charmant les regards de tous ceux que la contemplation du Beau est capable d'émouvoir. Comment les céramistes, ces maîtres d'une industrie essentiellement artistique, ne se seraient-ils pas sentis touchés par la vue de pareils chefs-d'œuvre, et comment n'auraient-ils pas essayé de transporter sur leurs vases quelques-unes de ces images qui frappaient leurs yeux à toutes les heures du jour?

Mais la peinture à figures noires, la seule dont on eût fait usage jusque-là, ne répondait plus à ces aspirations. Ces sombres silhouettes, qui se détachaient durement sur un champ monochrome, conservaient toujours un caractère quelque peu lugubre. Sur ce fond ingrat, les traits du visage, la musculature, les détails du costume, ne se dessinaient que d'une façon imparfaite. On eut alors l'idée de renverser les termes du problème, et, grâce à cette transposition, les scènes représentées sur les vases allaient acquérir, avec une expression plus vive, un charme nouveau. Telle fut cette révolution, simple dans sa conception, assez compliquée dans la pratique, féconde en résultats heureux, qui se manifesta dans les ateliers céramiques de la Grèce, et dont M. L. Ross[1] a cru pouvoir fixer la date entre 470 et 460.

Si complète et si rapide qu'ait été cette transposition, elle ne fut cependant, nous venons de le dire, ni absolue ni radicale. Les vases décorés de figures noires ne furent pas abandonnés brusquement, et, de même qu'on avait vu l'influence orientale persister dans l'ornementation longtemps après que des principes plus conformes au génie du peuple

---

1. L. Ross, *Archæologische Aufsætze*; Leipzi 1861; I, p. 138 à 142.

grec avaient triomphé, de même on continua de fabriquer des vases au décor sévère, alors qu'Euphronios, Brygos, Sosias, Chachrylion, Doris, Épictetos, Panphaios et Hiéron eurent déjà illustré leurs noms par la production d'œuvres d'un caractère plus nouveau et moins austère.

Ce qui achève, toutefois, de donner à cette évolution un extrême intérêt, c'est qu'elle est comme le corollaire de la transformation qui s'opère en même temps dans l'art grec. On voit, en effet, sous le pinceau de ces habiles artistes, le goût s'affiner progressivement, et peu à peu l'archaïsme disparaître. Peut-être faut-il avoir des yeux spécialement doués pour découvrir dans le visage de l'Achille qui, au fond de la fameuse coupe de Cœré[1], se prépare à égorger Troïlos, des « yeux grands ouverts fixés sur le point à frapper », une « bouche distendue par un cri de rage satisfaite », un « nez au vent » surmontant des « lèvres frémissant de joie féroce », et pour éprouver « une émotion poignante » à la contemplation « du visage convulsé par la peur » de l'infortuné Troïlos[2] (voir fig. 25). Les archéologues ont des privilèges auxquels les profanes ne sauraient prétendre. Mais on ne peut refuser à ces personnages une intensité de vie, une vérité de geste, une puissance d'expression, que sont bien loin de présenter les ouvrages de la période précédente.

Cette animation s'accentua encore quand, sous le pinceau de Sosias et de Brygos, les scènes représentées se condensèrent et se firent plus compliquées. L'emploi du fond noir avait eu pour résultat tout d'abord d'inciter le peintre à isoler ses personnages, à ajouter, si l'on peut dire ainsi, sa composition, et pour cela il avait dû simplifier les scènes figurées. Cette préoccupation est très visible dans les œuvres d'Euphronios et de ses contemporains. Avec

1. Publiée par Ghérard.
2. Olivier Rayet et Maxime Collignon, *Histoire de la céramique grecque*, p. 171.

ses successeurs, les personnages se rapprochent; leurs costumes prennent plus d'ampleur; des accessoires heureusement répartis créent un lien entre eux, et meublent les fonds. Les compositions, en un mot, s'étoffent et deviennent plus touffues. Elles font davantage tableau. La belle

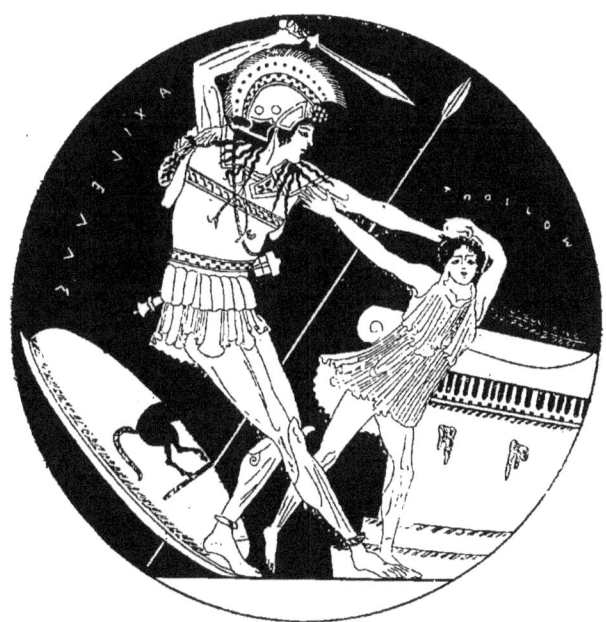

Fig. 25. — Fond de coupe exécutée par Euphronios, et représentant Achille égorgeant Troïlos.

coupe de Brygos représentant le *Massacre des Priamides,* que possède le Louvre, montre le progrès réalisé dans ce sens.

Enfin, on doit encore à ce grand artiste un autre perfectionnement. Il remit en honneur l'emploi des engobes, agrémentant son dessin par des touches discrètes, soulignant de traits rouges les broderies des manteaux et des tuniques, donnant aux chevelures de ses héroïnes ces nuances d'un blond chaud déjà fort prisées des dames grecques, et relevant de points d'or les casques et les cuirasses de ses guerriers.

Cette intervention de l'or, dont les céramistes italiens tirèrent un si heureux parti, et qui devait amener insensiblement l'emploi de la polychromie, paraît avoir été particulièrement appréciée au IVe siècle. Mais entre ce moment et l'époque où Brygos et Euphronios en firent les premiers essais, une évolution nouvelle, coïncidant, du reste, avec la marche de l'art, s'était accomplie dans la décoration des vases.

Cette évolution, hâtons-nous de le reconnaître, toucha peu aux procédés techniques. La personnalité des artistes, si énergiquement apparente dans la période précédente, cessa de s'accuser avec la même netteté et la même vigueur. Un effort marqué se produisit, en effet, dans le but d'assouplir le dessin et la composition, demeurés jusque-là un peu rigides. Cette préoccupation se traduisit, dans les compositions à personnages nombreux, par quelques recherches de perspective, dans le groupement des figures. Ceux-ci sont, dès lors, disposés sur plusieurs plans, ce qui permet aux céramistes d'introduire plus de variété dans les mouvements, plus de vérité dans les attitudes, et de disposer d'un champ moins rétréci. Puis, comme tout se tient, cette disposition moins sévère amena insensiblement les artistes à faire prévaloir dans l'interprétation de leurs scènes mythologiques le côté aimable et sensuel, et l'une des caractéristiques de la peinture des vases grecs au IVe siècle, c'est qu'elle fait une assez large place aux scènes intimes et familières, dont le charme, du reste, se fait sentir jusque dans ce qu'on est convenu d'appeler le Grand Art. Et comme il n'est pas de famille complète sans enfants, on voit apparaître ceux-ci, sous la forme conventionnelle de petits êtres bouffis à l'excès, qui font défiler sous nos yeux le fécond arsenal de ces jouets qui continueront à charmer les générations futures.

LES POTERIES A FOND BLANC. — Ce trop rapide historique de la peinture à fond noir ne doit pas nous faire oublier que dès le vi^e siècle en Cyrénaïque, et à Athènes au siècle suivant, on avait fabriqué des vases à fond blanc d'une valeur artistique moindre, sans doute, mais trop

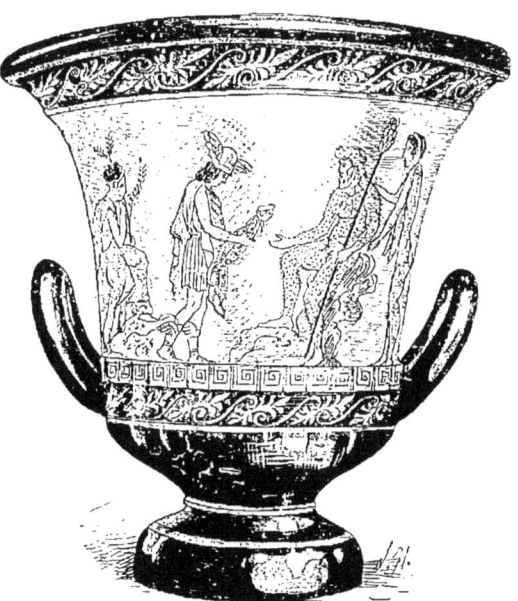

Fig. 26. — Cratère à fond blanc. (MUSÉE GRÉGORIEN.)

curieux et trop charmants pour être passés sous silence. Quel fut le promoteur de cette innovation? On a prononcé le nom de Nicosthènes, mais plutôt comme une présomption qu'avec certitude. Quoi qu'il en soit, de 460 à 430 les potiers athéniens amenèrent ce genre de peinture à sa perfection, en enrichissant la palette de couleurs à la fois plus riches et plus variées. Le jaune, le brun, le violet, le rose avec toutes ses dégradations, complétés par une légère dorure, leur fournirent les éléments d'une polychromie discrète, appropriée aux scènes choisies comme sujets de décoration, et à la destination des pièces ainsi décorées.

Les *lecythes* — car c'est surtout cette forme de vases qu'on exécuta de la sorte — garnissaient, en effet, les toilettes des belles Athéniennes, et trouvaient aussi place dans les rites funéraires. A ce titre, ils comptent, aux yeux des archéologues, parmi les documents les plus précieux, car ils aident à pénétrer l'idée que les Athéniens se faisaient de la mort, et à mieux comprendre quelles émotions elle provoquait en eux. Dans cette triste fonction les décorations du genre héroïque auraient paru déplacées. Elles furent, en conséquence, remplacées par des compositions d'un ordre plus intime, assez familières pour n'avoir pas besoin d'inscriptions explicatives.

Comme la fabrication des lecythes dura du ve au iiie siècle, c'est-à-dire pendant plus de deux cents ans, il est facile d'y reconnaître de grandes variations dans le style et dans la technique. Les

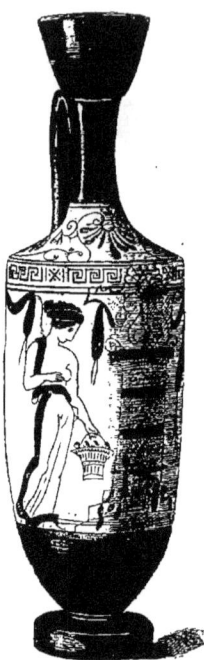

Fig. 27. — Lecythe polychrome.
(MUSÉE DU LOUVRE.)

plus anciennes, réminiscence des peintures sur fond rouge, nous montrent les contours tracés d'un trait noir qui, à partir du ve siècle, s'éclaircit et finit par devenir d'un jaune doré. En même temps la polychromie se fait plus riche, devient plus variée, et le style gagne en finesse jusqu'au jour où la décadence commence à se faire sentir. On peut dire, toutefois, que, même en leurs dernières productions, les potiers du Céramique firent preuve d'un instinct inné de la noblesse des formes, et qu'ils demeurèrent fidèles au culte de l'Élégance et de la Beauté.

HISTOIRE 43

Reliefs et figures. — Il nous reste, pour en terminer avec la Grèce, à parler rapidement des vases ornés de reliefs et des vases en forme de figurines. Peut-être, pour être tout à fait complet, faudrait-il ajouter quelques mots relativement à ces innombrables statuettes, informes à leur début et figurant de grossières idoles (fig. 29), qui s'élevèrent

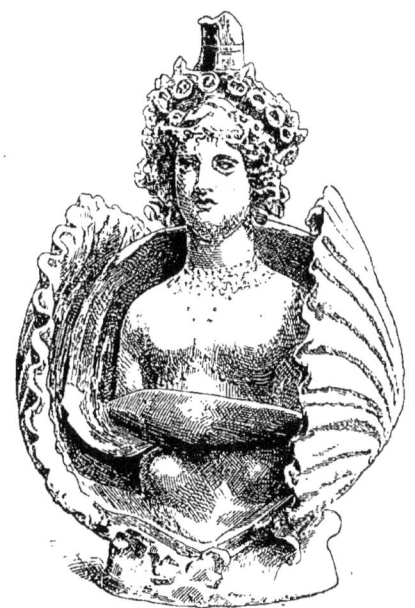

Fig. 28. — Vase à parfums, représentant Aphrodite.
(MUSÉE DE L'ERMITAGE.)

peu à peu à cette inimitable perfection des terres cuites de Myrrha et de Tanagra (fig. 30). Mais ici il ne s'agit plus de la céramique pure; il s'agit de la Statuaire, dans ce qu'elle a de plus délicat, de plus élégant, de plus raffiné. Ces ouvrages sortent, par conséquent, de notre modeste domaine.

Nous avons dit et répété[1] que, parmi les premiers vases fabriqués par les Grecs, il s'en trouvait qui rappelaient, par

1. Voir la *Céramique : fabrication*, p. 93, et plus haut p. 28.

leurs formes ou leurs accessoires, une figure humaine encore à l'état embryonnaire. Il n'y a donc pas à s'étonner que plus tard les potiers d'Athènes, de Mégare, de Corinthe, de Tanagra, soient revenus à ce premier thème et se soient plu à exécuter des vases à parfums représentant le buste d'Aphrodite, des lecythes à corps de sphinx ou formés par une double tête, comme le beau spécimen du Louvre. Un vase même qui devint, par la suite, d'un usage très courant, le *rhyton*, se termine régulièrement à son extrémité inférieure par une tête de bœuf, de mulet, de lion, ou encore de cheval ou de biche.

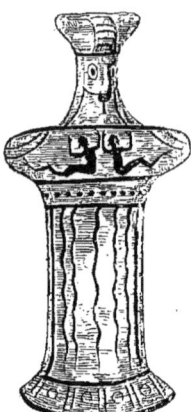

Fig. 29. — Idole primitive.

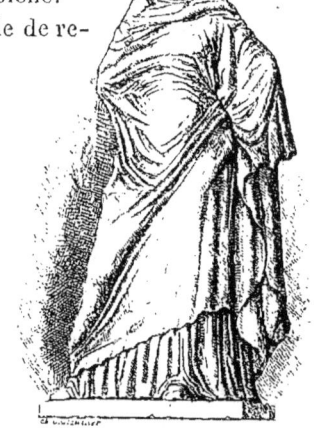

Fig. 30. — Figurine de Tanagra.

S'il est facile de retrouver dans cette dernière adaptation, l'imitation de la corne à boire chère aux peuples de l'Antiquité, tous grands chasseurs devant l'Éternel, et qui se faisaient gloire de procéder à leurs libations dans les dépouilles opimes des animaux qu'ils avaient tués eux-mêmes[1], les autres créations que nous venons de citer, résultat d'un caprice de potier, présentent, au point de vue céramique, beaucoup moins d'intérêt. Malgré le goût qui a présidé à

1. On sait que l'usage de la corne à boire s'est conservé jusqu'au XVII° siècle chez les peuples du Nord. A cette époque, on en fit de magnifiques en argent ciselé et en vermeil. Ces mêmes peuples au Moyen Age vouèrent un culte du même genre au *hanap*, sorte de coupe

leur création et l'habileté déployée par l'artiste, ils n'offrent, en effet, que des rapports bien éloignés avec le but d'utilité dont un vase ne doit jamais se départir. Quand cette loi primordiale est oubliée, la pièce fabriquée perd, il faut bien

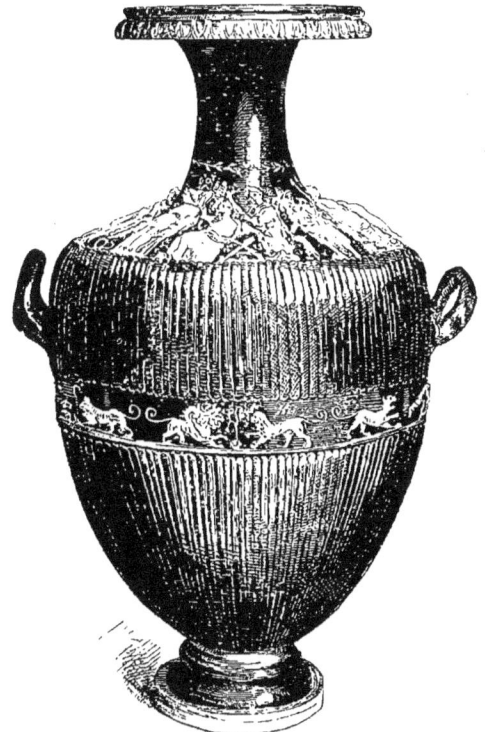

Fig. 31. — Hydrie à reliefs, dite vase de Cumes.
(MUSÉE DE SAINT-PÉTERSBOURG.)

le reconnaître, tout caractère d'usage; et comme c'est ce dernier qui, justifiant son existence, est sa vraie raison d'être, il semble dès lors qu'il devienne sans objet.

Cette infériorité ne se rencontre pas dans les vases sim-

---

dont la forme rappelait la partie supérieure des crânes humains, dans lesquels les Celtes primitifs faisaient leurs libations sacrées.

plement ornés de reliefs, décorés de figures modelées à part, surajoutées et se détachant comme une frise sur les parois arrondies. Quelque parfaits, toutefois, que puissent être ces vases, — et même lorsque les reliefs ne tiennent qu'une place accessoire, comme dans la belle hydrie découverte à Cumes, dont nous donnons à la page précédente une reproduction, — il semble toujours qu'ils aient été surmoulés sur des modèles de bronze. Aussi leur décoration, empruntée à l'art du métal, ne saurait-elle en aucun cas être comparée, comme intérêt, à celle des beaux vases peints, qui sont et demeureront éternellement l'honneur de la céramique hellénique.

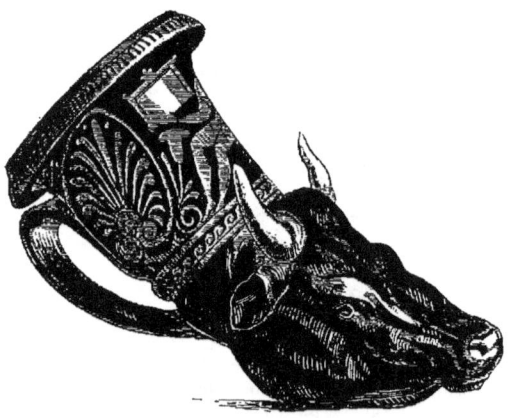

Fig. 32. — Rhyton en forme de tête de bœuf.
(MUSÉE DU LOUVRE.)

V

L'ITALIE

La production considérable des potiers grecs ne trouvait pas son emploi uniquement dans leur pays et dans les îles de l'Archipel. Les relations fréquentes que les Hellènes avaient avec la plupart des peuples de la Méditerranée et leurs nombreuses colonies établies sur son littoral, facilitaient singulièrement l'exportation de leurs belles poteries. Aussi continuèrent-ils d'expédier en Italie et en Sicile leurs ouvrages céramiques, longtemps après que des fabriques y eurent été construites; si bien que la plupart des vases peints découverts de nos jours dans les tombeaux de l'Apulie, de la Lucanie et même de l'Étrurie, sont d'origine grecque.

Ajoutons que les manufactures installées dans ces dernières régions — les ateliers de Tarente, notamment, qui paraissent non seulement avoir précédé les autres, mais encore avoir été les plus féconds — n'hésitèrent pas, pour lutter avec la production hellénique, à se pénétrer de son goût et à s'approprier les procédés et les méthodes des céramistes de l'Attique et de la Corinthie. L'imitation, en effet, est aussi complète que possible : choix des sujets, manière de composer, technique, tout révèle une observation scrupuleuse, jusqu'au jour où, sous l'empire de préoccupations nouvelles, les vases apuliens voient se développer, presque jusqu'à l'excès, la richesse de leur décoration, richesse qui devient la caractéristique d'un nouveau style.

Quant aux vases lucaniens, provenant de Cumes, de Capoue, de Nola, ils offrent avec ceux sortis des ateliers de Tarente les plus frappantes analogies. Les communications étaient du reste trop faciles entre les deux régions, pour que les deux fabrications n'aient pas suivi les mêmes fortunes jusqu'au IIe siècle avant l'ère chrétienne, où tout souvenir des méthodes et du style helléniques disparurent brusquement.

Le procédé de moulage des vases, qui allait, du reste, se répandre dans le monde entier et substituer partout ses

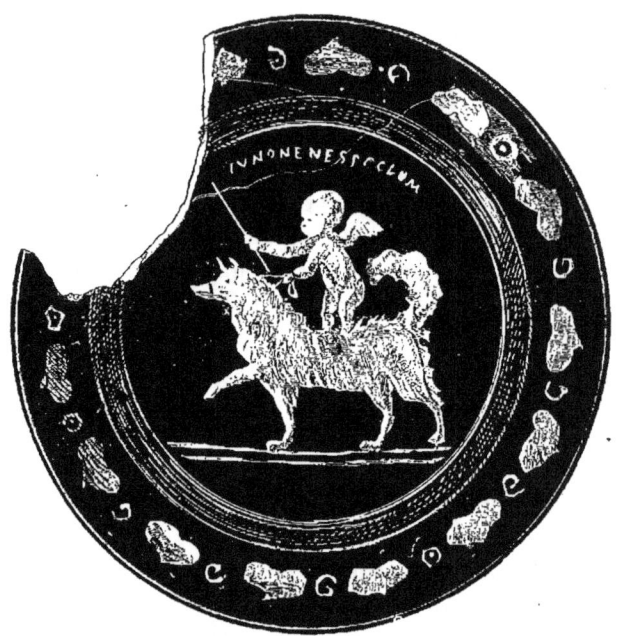

Fig. 33. — Poculum à figures blanches trouvé à Vulci.

décorations en relief à celles de la peinture, était d'origine grecque ; mais les potiers romains le mirent en pratique avec une maîtrise telle qu'il leur est demeuré en quelque sorte personnel. Aujourd'hui encore, il n'est guère possible de fouiller le sol des contrées où ce grand peuple fonda des établissements durables, sans retrouver sinon des vases complets, du moins des fragments de ces admirables poteries à pâte rouge, fine et serrée, dure et extrêmement homogène, dont le ton tient le milieu entre la brique et le corail, et que recouvre une glaçure à peine perceptible, mais qui suffit à leur donner une douceur de toucher exquise et un éclat particulier.

Toutes ces belles poteries, la plupart réservées aux usages domestiques, sont d'une forme élégante quoique basse et trapue, et souvent parées de reliefs charmants. Proviennent-elles, comme on l'a dit, d'un petit nombre de fabriques

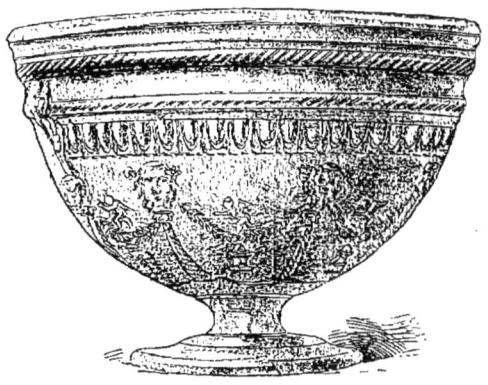

Fig. 34. — Coupe en pâte rouge lustrée à reliefs.

dont le principal centre fut Arretium (aujourd'hui Arezzo)? Faut-il croire, au contraire, qu'elles sont l'œuvre d'ateliers nomades qui suivaient la marche de l'invasion? Ce qui donnerait du poids à cette dernière supposition, c'est que les armées romaines étaient, dans leurs expéditions les plus aventureuses, accompagnées d'artisans chargés de pourvoir aux nécessités de leur installation, et que partout où elles s'établirent d'une façon permanente, on trouve, au milieu de débris céramiques de toutes sortes, des briques et des tuiles fabriquées sur place, et qui portent le cachet des légions pour lesquelles elles furent façonnées.

Ajoutons que, comme potiers, les Romains avaient de qui tenir. Ils avaient hérité des qualités des anciens habitants de l'Étrurie, de ces Étrusques dont on a dit qu'ils possédaient plus qu'aucun autre peuple l'art de pétrir et de modeler la terre[1]. Le sol de l'Étrurie, en effet, a fourni, au milieu de pièces céramiques innombrables, des quantités de poteries noires, parfaitement autochtones[2], et les fouilles ont également tiré de la nuit des tombeaux, un certain nombre de sarcophages d'une exécution à la fois raffinée et barbare, dont le caractère extraordinairement original éloigne toute supposition d'emprunts faits au dehors.

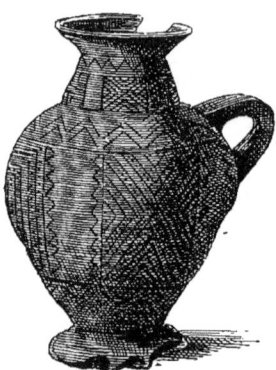

Fig. 35. — Vase en terre noire, trouvé sous les cendres volcaniques du Latium.

En dépit de ces antériorités caractéristiques, en dépit de l'habileté que les Romains montrèrent à façonner l'argile, de la science et du goût qu'ils déployèrent à décorer ces beaux vases rouges si agréablement conçus, si délicatement ornés, la céramique latine ne devait pas survivre au grand cataclysme qui emporta l'Empire. A partir de cet effondrement, l'obscurité presque complète enveloppe ce noble « art de terre » jusqu'au XVe siècle, où nous le voyons, entre les mains de Lucca della Robbia, renaître brusquement de ses cendres, plus vivace et plus brillant que jamais.

Faut-il supposer, avec quelques auteurs, que, l'axe du monde civilisé s'étant déplacé, l'art céramique, pendant cette longue nuit de plus de six siècles, cessa d'être prati-

1. Pline, *Histoire naturelle*, XXXV, 45.
2. C'est dans ces vases noirs que Numa, au dire de Juvénal, sacrifiait aux Dieux :

> Aut quis
> Simpuvium ridere Numæ, nigrumque catinum,
> Et Vaticano fragiles de monte patellas
> Ausus erat ?

qué en Italie, et qu'il dut ensuite être réimporté d'Orient, où ses traditions s'étaient conservées? Le silence que le moine Théophile garde sur les potiers latins, alors qu'il vante le savoir de ceux de la Grèce, et par conséquent de Byzance, le pourrait laisser croire. Nous avons même

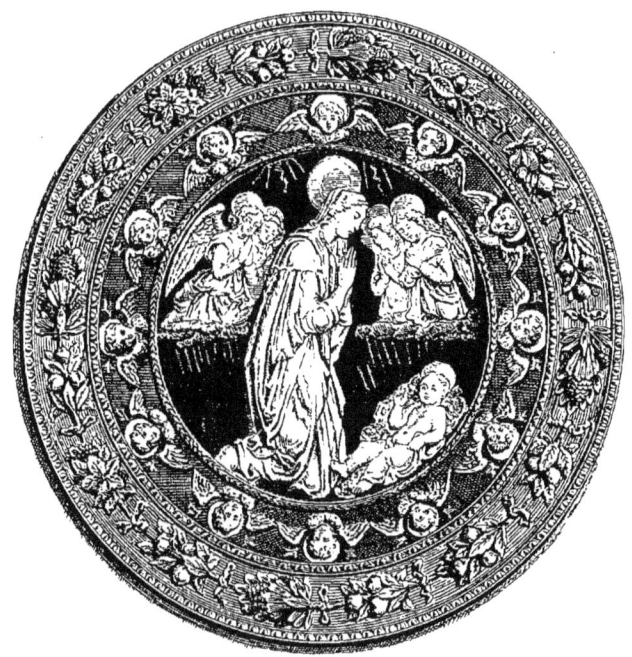

Fig. 36. — La Vierge adorant l'enfant Jésus, par L. della Robbia.
(MUSÉE DE CLUNY.)

indiqué, dans un précédent chapitre, à propos des poteries siculo-arabes et hispano-moresques, le chemin probable qu'aurait suivi cette réimportation. Ajoutons que des analogies assez sensibles, constatées entre les premiers plats fabriqués à Faenza et les produits de Rhodes et de la Sicile, la rendent vraisemblable. Enfin le nom même de Majoliques qu'on leur donne, pourrait être invoqué comme un commencement de preuve. Mais, d'autre part, les beaux bas-reliefs de Lucca della Robbia révèlent une pratique tellement sûre d'elle-même; ils attestent un art si maître de ses procédés, qu'on est amené à en conclure que la céramique avait bien pu sommeiller pendant ce long temps en Italie, mais qu'elle n'avait jamais cessé complètement de produire.

Lucca della Robbia n'était pas, en effet, ce qu'on peut appeler « de la carrière ». Élève de l'orfèvre Léonardo, il avait appris chez son maître à dessiner, à modeler, à sculpter. Il était statuaire, et comme tel il commença par tailler en marbre les figures et les ornements d'une chapelle de Saint-François à Rimini. Plus tard, de retour à Florence, il modela les portes de bronze de l'église Sainte-Marie-des-Fleurs. Il était déjà célèbre quand il se voua à la terre cuite émaillée, non pas, comme le remarque Vasari, par inconstance, mais par amour du nouveau et aussi, ajoute son biographe, parce que ce procédé expéditif lui permettait de gagner plus d'argent avec un moindre travail.

Bien que l'œuvre de Lucca della Robbia tienne une place considérable dans l'histoire générale de la sculpture italienne au xve siècle, bien que quelques-uns de ses ouvrages soient, comme expression, comme sentiment, de tout premier mérite; bien qu'il puisse réclamer l'honneur d'avoir été le premier, dans les temps modernes, à appliquer les grands revêtements céramiques à l'architecture; bien qu'on se soit longtemps accordé pour lui attribuer la découverte des émaux stannifères, dont la céramique moderne devait tirer un si merveilleux parti, nous ne nous étendrons pas davantage sur sa vie et ses œuvres[1]. Nous laissons également à d'autres le soin de raconter l'existence et les tra-

1. L'histoire de ces éminents artistes a été écrite, et leurs travaux ont été appréciés et jugés à différentes reprises : d'abord par Vasari dans ses *Vies des peintres illustres ;* ensuite par M. Barbet de Jouy : *les Della Robbia sculpteurs en terre émaillée,* Renouard, 1855; et par MM. Cavallucci et Molinier : *les Della Robbia,* librairie de l'Art.

HISTOIRE

vaux de ses deux frères Ottaviano et Agostino, de son neveu Andréa et des deux fils de celui-ci, Giovanni et Girolamo[1], qui furent, avec un talent différent et des fortunes diverses, ou ses collaborateurs dévoués ou ses successeurs dans ces grandes entreprises décoratives.

Concentrant notre attention sur les poteries proprement dites, nous constaterons que les grandes fabriques qui allaient illustrer la production italienne, commencent à faire parler d'elles aux environs de 1460. Un écrivain du siècle dernier, Giambatista Passeri, qui, dans son *Histoire des peintures faites sur majolique à Pesaro*[2], réclame pour cette ville la priorité, fait remonter l'installation des premiers fours à 1462, ce qui laisse à Lucca della Robbia tout son mérite d'initiateur et de producteur de l'*invetriatura*, c'est-à-dire de l'art d'émailler les poteries opaques; car c'est entre 1450 et 1471 que se place l'exécution des œuvres les plus importantes de ce maître.

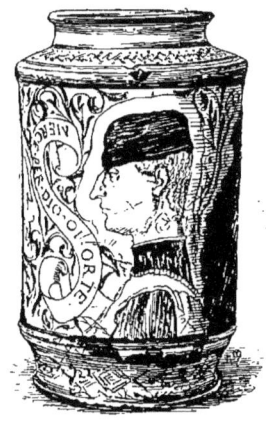

Fig. 37. — Pot de pharmacie de Faenza, — XVᵉ siècle. (MUSÉE DE CLUNY.)

D'autres, au contraire, à cause de l'étymologie du mot faïence, et sans preuves bien sérieuses, affirment que les premiers spécimens de cette belle industrie virent le jour à Faenza[3]. Quoi qu'il en soit, à partir de 1480 les principaux

---

1. Girolamo fut attiré en France par François Iᵉʳ et décora de bas-reliefs le château de Madrid.
2. *Istoria delle Pitture in majolica fatte in Pesaro.*
3. Quelques auteurs du XVIIᵉ et du XVIIIᵉ siècle ont prétendu que le nom français de faïence venait, non pas de *Faenza*, « mais du petit bourg de Fayence, dans le diocèse de Fréjus; l'un des premiers endroits du Royaume où l'on ait travaillé dans ce genre et dont les ateliers avaient déjà de la réputation avant les établissements de

centres de fabrication qui allaient acquérir un si glorieux renom, Faenza, Pesaro, Urbino, Gubbio, Deruta, étaient en pleine activité, et voyaient leurs produits appréciés dans toute l'Europe.

Il ne paraît pas que les procédés de fabrication employés dans ces divers centres aient beaucoup différé. Un potier

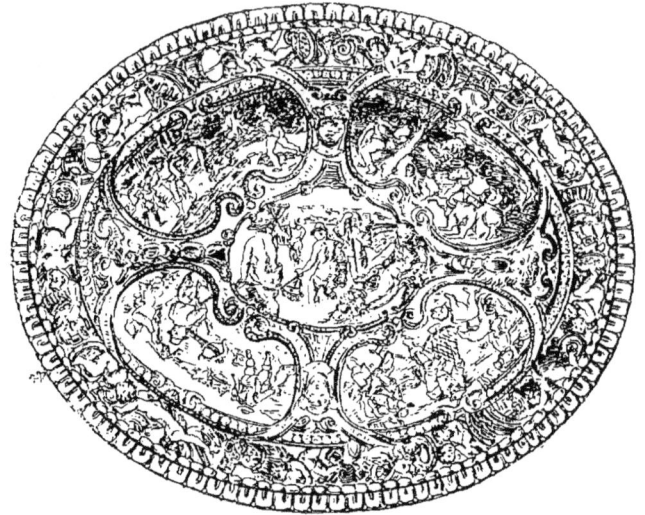

Fig. 38. — Grand plat de Faenza, — fin du XVIᵉ siècle. (MUSÉE DE CLUNY.)

italien du XVIᵉ siècle nommé Piccolpasso, établi à Castel-Durante, nous a initiés à la pratique de l'art qu'il exerçait[1] Cette pratique ne s'éloignait, au reste, de nos méthodes actuelles que par une particularité. Le *cru* sur lequel peignaient les artistes italiens, était moins absorbant que celui actuellement en usage; ce qui permettait, suivant le cas, de

Henri IV. » (LEGRAND D'AUSSY, *Histoire de la vie privée des Français*, tome III, p. 171.) Mézerai, de son côté, parlant des succès que Lesdiguières obtint en 1592 en Provence, cite « Fayence, plus renommée par les vaisselles de terre qui s'y font, que par sa grandeur, » etc.

1. *I tre libri dell' arte del vasajo*, traduits par M. Claudius Popelin; Paris, 1861.

tenir le trait plus fin, ou de l'accuser d'une façon plus mâle, et de mieux exprimer ainsi les dégradations et le modelé. Mais cet émail, par contre, manquait d'éclat; aussi, une fois la peinture exécutée, était-on obligé de procéder à un surémaillage, c'est-à-dire de recouvrir la pièce d'une nou-

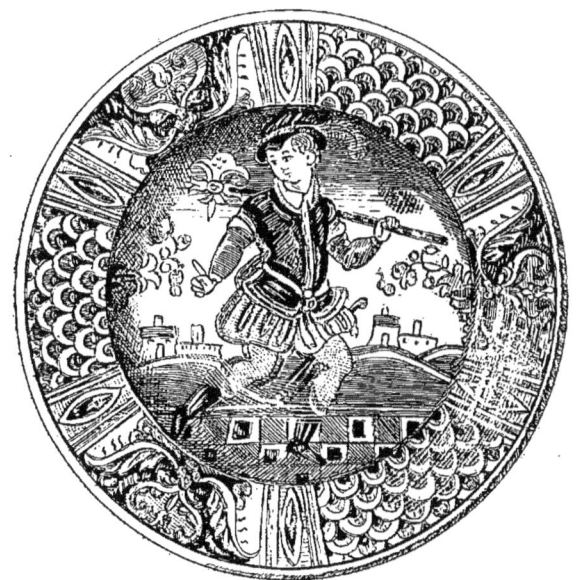

Fig. 39. — Plat à reflets, de Pesaro (XVIe siècle.)

velle glaçure vitreuse, très mince, suffisante cependant pour ranimer les couleurs et leur communiquer du brillant.

Les premiers ouvrages sortis des fours de Faenza ainsi que de ceux de Pesaro se caractérisent par un style archaïque très prononcé, et les formes conservent une simplicité primitive. Un peu plus tard, à Faenza, le dessin s'assouplit. Le marli des plats et le rebord des coupes s'ourlent de légères arabesques d'une allure spirituelle et d'un dessin élégant et gracieux. Un certain nombre de ces pièces portent les armes de la famille Manfredi, ce qui les date avant 1501, époque où la ville de Faenza fut réunie aux États de l'Église. D'autres pièces godronnées ou cannelées et décorées de rinceaux sont généralement postérieures.

Aux ateliers de Faenza on peut rattacher les manufactures de Forli et de Rimini, situées dans un voisinage assez rapproché, et dont les produits risquent souvent d'être confondus avec ceux de leur célèbre voisine.

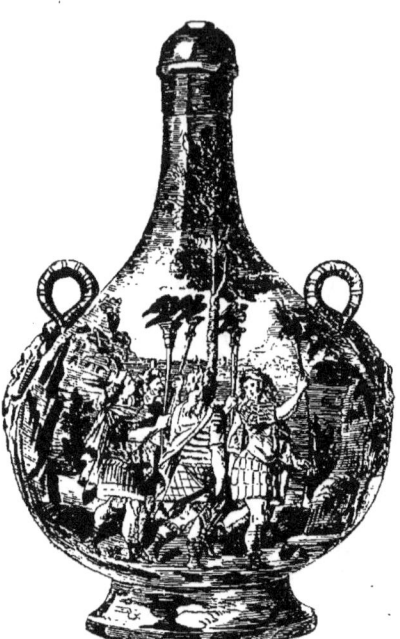

Fig. 40. — Gourde d'Urbino (xvie siècle.)

La fabrique de Pesaro, au nom de laquelle Passeri réclame la paternité d'un chiffre important de pièces d'aspect archaïque, à reflets métalliques, paraît avoir pris un grand développement, surtout après que les seigneur d'Urbino y eurent fait construire, en 1538, un magnifique palais.

Cette particularité de couches métalliques appliquées après coup, incorporées à la pâte par un feu doux et produisant des reflets chauds et vibrants, demeura une spécialité de Pesaro. Une autre spécialité qui fut également très goûtée, c'est celle de ces beaux portraits de dames ou de jeunes filles, vues en buste, de profil, dont les noms sont inscrits sur des banderoles. Ces peintures, qui occupent le fond du plat, sont encadrées par un marli orné de feuillages, de fleurons et surtout d'imbrications, où les reflets métalliques, jaunes ou rouges, reparaissent.

Le duc d'Urbino possédait encore dans ses États la fabrique de Castel-Durante, qui a produit un nombre assez considérable de plats, d'assiettes, d'aiguières, et surtout

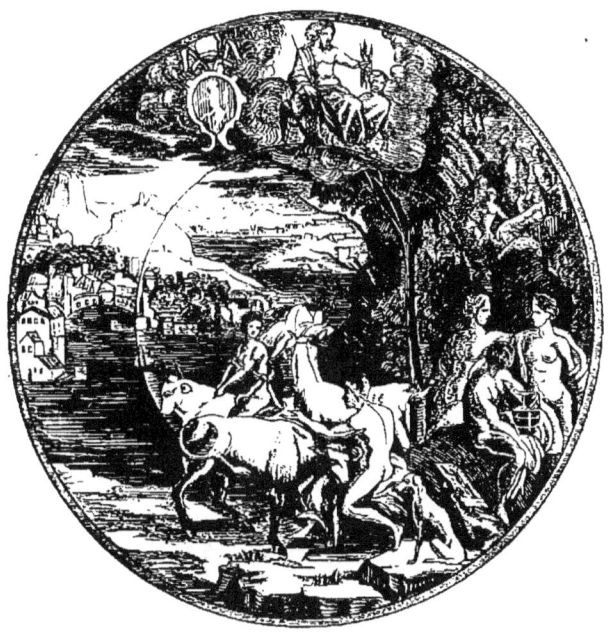

Fig. 41. — Plat d'Urbino représentant l'*Enlèvement d'Europe*.
(MUSÉE DU LOUVRE.)

de cornets de pharmacie ornés de groupes, d'attributs et de trophées réservés sur des champs colorés, et dont le contour bleu est rehaussé de bistre. Cette manufacture paraît avoir aussi donné le jour à quantité de pièces à sujets historiques, mais sans que les amateurs et les curieux lui aient tenu grand compte de cet effort, car chaque fois que ses produits atteignent une certaine perfection, on s'empresse de les confondre avec ceux d'Urbino, sa voisine.

58 LA CÉRAMIQUE

C'est, au reste, leur faire un indiscutable honneur, car ces dernières faïences, devenues promptement célèbres dans le monde entier, furent, dès l'origine, recherchées par les princes et par les rois et offertes même en cadeaux diplomatiques. Leur décoration est d'un goût si savoureux,

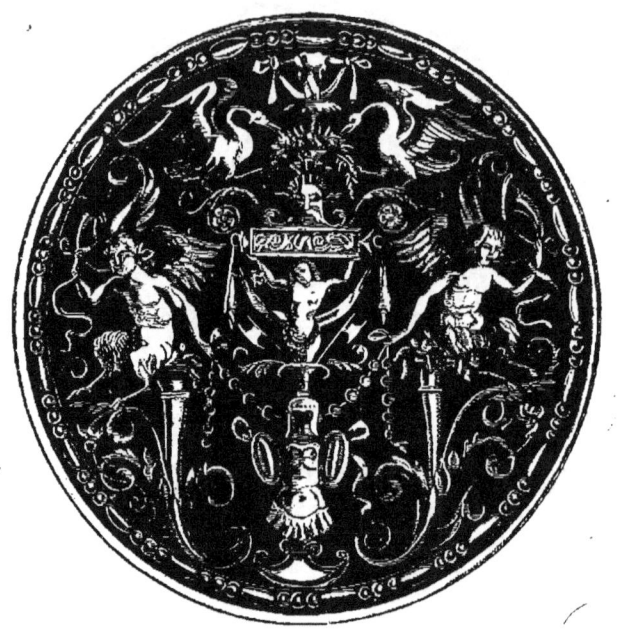

Fig. 42. — Coupe de Chaffagiolio (XVIe siècle.)

d'une liberté et d'une vaillance de dessin si grandes, en même temps d'une exécution si soignée, que l'opinion s'accrédita, à la fin du XVIe siècle, qu'un certain nombre de ces belles céramiques avaient été peintes par Raphaël ou tout au moins d'après ses modèles, alors que les faïenciers d'Urbino les avaient simplement exécutées en s'inspirant fort heureusement, il est vrai, des dessins de ses élèves.

Plusieurs de ces nobles ouvrages, ceux principalement

qui sont signés de Guido Durantino, Francesco de Rovigo et Orazio Fontana, pourraient passer pour des œuvres par-

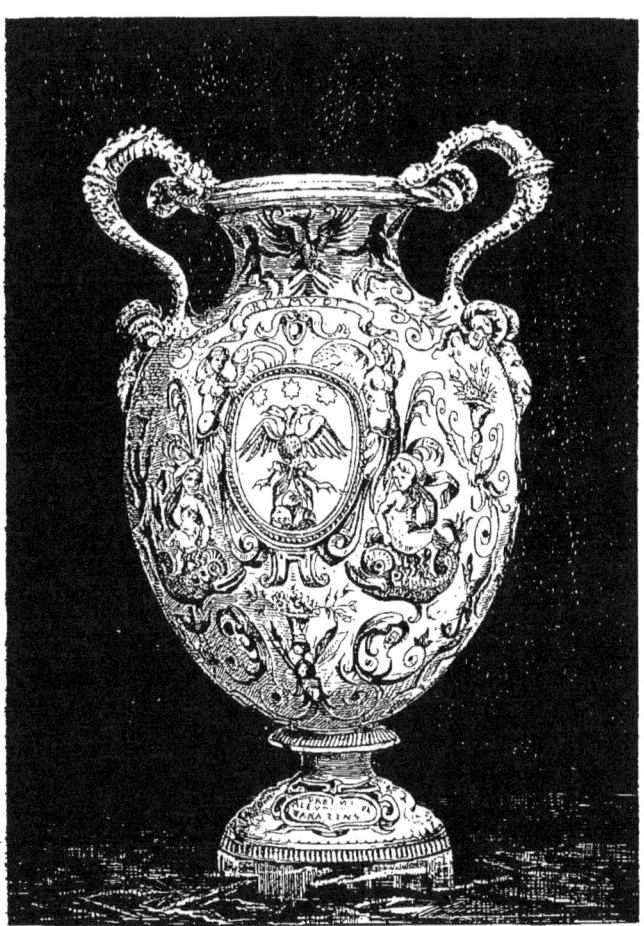

Fig. 43. — Grand vase décoré de grotesques. (Urbino. — xvie siècle.)

faites, si la représentation de tableaux véritables au fond d'un plat ou d'une assiette ne constituait un contresens fâcheux, surtout lorsqu'on oublie de limiter strictement le décor et qu'on laisse le sujet déborder sur le marli du plat ou de l'assiette. En outre, la palette de tous ces peintres fort expérimentés est encore incomplète et forcément limitée. Avec ses rouges alourdis et sans profondeur et ses jaunes dominants, elle ne convient guère à la représentation trop exacte de scènes, dont le caractère forcément conventionnel demanderait à être plus franchement accentué.

Postérieurement à ces beaux plats qui atteignent dans les ventes des prix invraisemblables, on fabriqua à Urbino

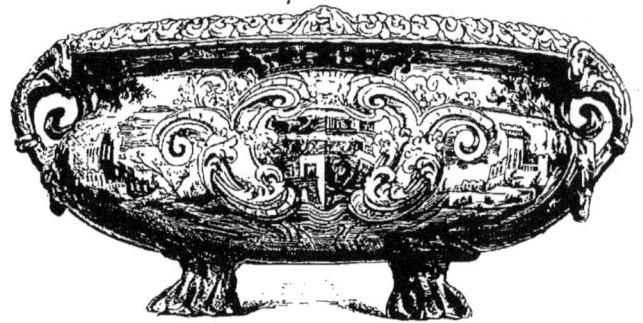

Fig. 44. — Vasque de Venise, — XVIe siècle. (MUSÉE DE SÈVRES.)

une quantité de salières, d'écritoires, de chandeliers décorés de chimères et autres ornements en relief, habilement conçus, et qui seraient d'un bel effet décoratif, si les formes n'en étaient empâtées par l'émail. On y exécuta surtout un certain nombre de ces vases superbes ornés de grotesques dont un peintre Vénitien, justement réputé dans ce genre de composition, Battista Franco, traça les modèles (voir fig. 43).

La production si remarquable à tant d'égards des divers ateliers compris dans les États du duc d'Urbino n'aurait point été complète, si elle n'eût compris la fabrication des pièces à reflets métalliques. C'est la manufacture de Gubbio qui se chargea de combler cette importante lacune, sous la haute direction d'un artiste de talent nommé M. Georgio Andréoli.

Pour en terminer avec la production de la grande époque, il nous faut parler rapidement des manufactures établies au xvie siècle à Chaffagiolio (en Toscane) et à Venise.

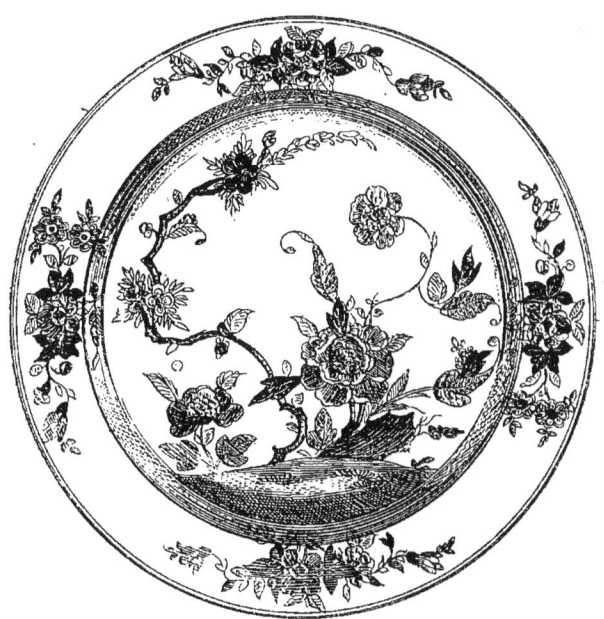

Fig. 45. — Assiette à décor oriental de Milan (xviiie siècle.)

Dire que les premières ont vu leurs ouvrages attribués à Faenza, c'est à la fois faire leur éloge et constater leur peu d'originalité. Pour Venise, qui possédait alors plusieurs fabriques, les échantillons qui nous ont été conservés de leur savoir-faire, sont trop peu nombreux pour qu'on puisse porter sur elles un jugement suffisamment motivé. Tout ce qu'on en peut dire, c'est que leur pâte était dure et dense, très homogène et très sonore, et que le décor dont elles couvraient cette pâte, est inspiré par les exemples venus de la Péninsule, sans que les peintres vénitiens se distinguent de leurs confrères italiens par une bien marquante supériorité.

A la fin du xvi° siècle, toute cette belle production était déjà en pleine décadence. Les ateliers qui s'étaient acquis

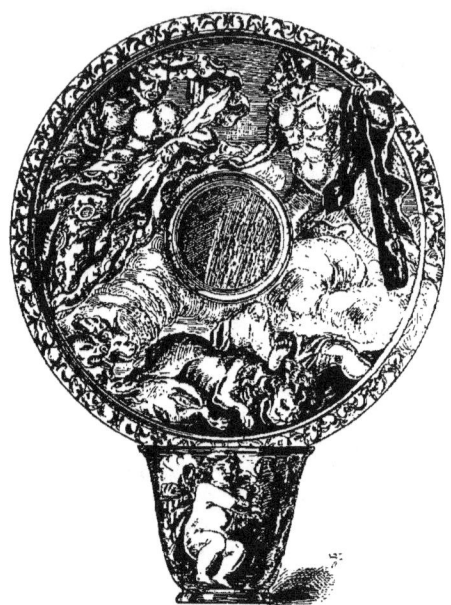

Fig. 46. — Trembleuse avec sa soucoupe.
Faïence de Castelli (xvii° siècle.)

le plus de renom avaient même fermé leurs portes pour toujours. C'est à peine si quelques-uns continuaient de végéter. Au xvii° siècle, pour répondre à des besoins journaliers, un petit nombre d'ateliers nouveaux furent créés. Mais au lieu de pièces d'apparat on n'y produisit plus que de la vaisselle d'usage.

Parmi ces divers centres de fabrication, les manufactures de Savone paraissent avoir montré une certaine activité industrielle et commerciale. Leurs produits jouirent même, pour l'exportation, d'une faveur assez marquée pour être imités par les faïenciers de Gênes. Plus considérables encore semblent avoir été les ateliers de Milan, qui, au XVIII° siècle, s'appliquèrent à copier les porcelaines chinoises et japonaises. Les plus artistiques, au point de vue de la décoration, furent ceux de Castelli, dans le royaume de Naples. Ils s'efforcèrent, en effet, de continuer les grandes traditions de la peinture historique appliquée aux plats et aux assiettes par la manufacture d'Urbino. Mais si la palette des peintres de Castelli est plus riche que celle de leurs devanciers, leurs modèles, qui paraissent empruntés à Carrache ou à Le Brun, n'ont ni l'ampleur ni la liberté des scènes inspirées par Raphaël.

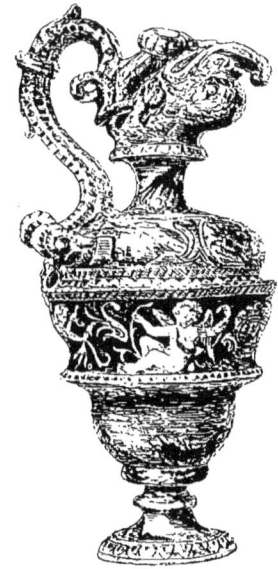

Fig. 47. — Buire en faïence d'Urbino (fin du XVI° siècle.)

VI

LA FRANCE

Nous avons dit en quel honneur les rois et les princes français tenaient, au xive et au xve siècle, les belles céramiques orientales, ces plats de Valence, ces coupes « mailloresques », auxquels ils réservaient une place au milieu de leur plus riche orfèvrerie, de leurs joyaux les plus précieux.

Il ne faudrait pas conclure de cette importation que notre pays fût destitué de toute fabrication indigène. La poterie est trop intimement unie à tous les usages de la vie ; elle joue un rôle trop considérable dans les besoins de l'existence journalière, pour qu'on puisse se passer d'elle. A toutes les époques, quels que fussent, du reste, les origines et le degré de civilisation et de culture des races qui ont occupé notre sol, l'art céramique a été pratiqué dans la vieille Gaule, et des fouilles récentes ont mis au jour des quantités de pots et de vases qui remontent à des temps où notre histoire nationale n'existait pas encore.

Ces premières poteries, qu'on désigne sous le nom de celtiques et qu'on ferait mieux d'appeler simplement gauloises, montrent déjà les divers échelons d'une évolution artistique lentement parcourue. Cette évolution se manifeste d'abord sous l'apparence d'essais informes, pour aboutir progressivement à des produits d'un galbe logique, sagement pondéré, élégant même, modelés en une pâte presque soignée, et ornés de dessins géométriques qui ne manquent ni de charme ni de grâce.

A cette première manifestation succèdent ces céramiques romaines, mates ou lustrées, unies ou décorées, mais toujours remarquables, associant aux énormes amphores, à ces immenses *dolia* dans lesquels nos ancêtres logèrent primi-

HISTOIRE

tivement les récoltes de nos grands crus, les cratères, les coupes, les plats, les hydries, les canthares, modelées dans cette belle terre rouge, unie, lisse, douce à l'œil, grasse au toucher, sur laquelle se dessinent en un délicat relief des guirlandes charmantes, coupées de trophées, de mascarons ou de scènes aimables.

Puis la nuit se fait de nouveau; l'invasion franque a pris la place de la domination romaine. Le métal seul reste en honneur, et il nous faut attendre le xi° ou le xii° siècle

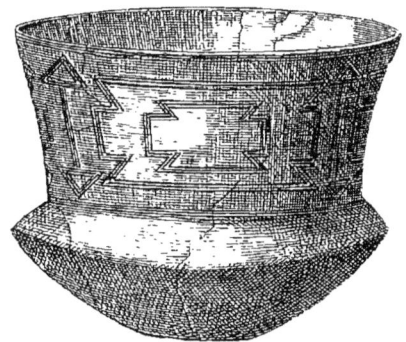

Fig. 48. — Vase gaulois en terre noire décorée.

pour retrouver la trace de manufactures plus ou moins importantes, enfantant des ouvrages auxquels l'art ne demeure pas absolument étranger.

C'est dans les carrelages que se manifesta tout d'abord cette sorte de renaissance. Dès la fin du xi° siècle les architectes, pour remplacer la mosaïque qu'il ne leur était plus permis de copier, parce qu'ils manquaient des matériaux nécessaires, combinèrent des pavements composés de petits fragments de terre cuite colorée, obtenus à l'aide de moules et s'emboîtant de manière à former des dessins fort décoratifs.

Les carrelages de la chapelle de la Vierge et ceux de la chapelle de Saint-Cucuphas, dans l'église abbatiale de Saint-

Denis, donnent une très haute idée des beaux dessins qu'on pouvait obtenir de la sorte, et montrent que jusqu'à la fin du XIIe siècle on employa avec succès ce genre de pavements. Au siècle suivant, peut-être même avant, une innovation ingénieuse se produisit dans la fabrication de ces carrelages. On ménagea, dans des carreaux assez grands, des vides prenant toute l'épaisseur du pavement, et ces vides furent remplis ensuite par de petites pièces s'adaptant exactement, mais d'une autre couleur. De cette façon, non seulement on obtint des carreaux plus vastes, et par conséquent moins fragiles, portant un dessin plus ou moins compliqué et d'une couleur différente; mais on fut amené tout naturellement à remplacer les carrelages mosaïques par des carreaux incrustés d'ornements. Un pavement extrêmement curieux, celui de l'église Saint-Pierre-sur-Dive, fournit un exemple très remarquable des ensembles décoratifs obtenus de cette façon.

Cette sorte de carrelages se prêtait, en effet, à des combinaisons très ingénieuses, car leurs motifs variés, se répétant symétriquement, arrivaient à former des dessins d'ensemble, qui comprenaient soit quatre ou huit carreaux, comme à l'abbaye de Vézelay, soit quinze, comme le carrelage hexagonal de l'abbaye de Paraclet-des-Champs, ou encore marchaient par seize, comme le beau carrelage de l'hôpital de Tonnerre ou celui de l'église de Vincelles. Les pavements du château de Coucy et de la cathédrale de Laon, les portions de carrelages provenant du château des abbés de Vézelay, de la Commanderie de Sacy (Yonne), de l'ancien château de Beauté, édifié par Charles V, de l'hôtel de Louise de Clermont-Tonnerre (à Tonnerre), de l'ancien hôtel d'Albret à Paris, montrent à quelle richesse et à quelle ampleur de dessin on pouvait atteindre, avec ces moyens en réalité très simples.

Ces ouvrages intéressants nous conduisent à la fin du XIVe siècle, où un contrat passé en 1391 entre Philippe le

Hardi, duc de Bourgogne, d'une part, et Jehan de Moustiers et Jehan le Voleur, « ouvriers de quarriaus peins et jolis », nous signale l'apparition de ces carrelages peints et glacés d'un émail plombifère qui, à l'époque de la Renaissance, allaient en se perfectionnant embellir les châteaux d'Écouen

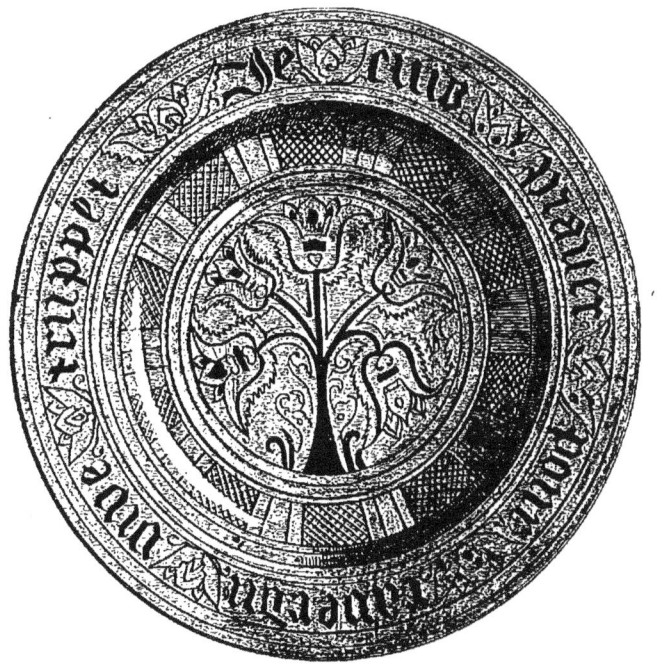

Fig. 49. — Grand plat vernissé, décoré d'inscriptions françaises (xv° siècle).

et de Chantilly, de Thouars, d'Oiron, de Gaillon, et l'hôtel de Soissons, résidence préférée de Catherine de Médicis[1].

---

1. L'histoire si instructive des carrelages a longuement préoccupé les archéologues et les écrivains spéciaux. On pourra trouver d'utiles renseignements sur cette partie de l'histoire générale de la Céramique, dans les travaux de M. Émile Amé sur les *Carrelages du Moyen Age et de la Renaissance*; de M. Courajod sur le *Pavage de*

La fabrication déjà perfectionnée de Jehan de Moustiers et de Jehan le Voleur ne s'appliquait pas uniquement aux carrelages. Divers textes contemporains nous révèlent la présence et l'emploi, dans certaines de nos provinces, de vases de céramique confectionnés dans le pays même. La *Chronique de Tournai* nous apprend qu'en 1394, à l'occasion des fêtes qui eurent lieu dans cette ville, les « conduiteurs » de ces fêtes avaient fait faire « II^c quennes de terre de II los la pièce, pointes (peintes) vermeilles, à ung arbalestre parmi le milieu pour porter les vins de présent aux venans dans ladite ville, selon ledit mandement ». Nous voyons dans les *Comptes de l'hôtel de Jean, duc de Berry* (1398), que « Jehanne la potière » toucha cinq sols pour une fourniture de « poz de terre » et « d'orineaulx », et il est peu croyable qu'un prince aussi délicat que le duc de Berry eût jamais fait usage, pour des besoins intimes, de pots en terre, s'ils n'eussent été façonnés et décorés avec un certain goût. Nous savons encore, par les *Comptes de la ville d'Amiens*, qu'en 1435 le magistrat de cette ville faisait travailler « Jehan de Couchy, marchant de potterie de terre, demeurant à Corbye ». Une lettre de Charles d'Orléans datée du 14 août 1445, autorisant les habitants de Cognac à percevoir un impôt sur les marchandises importées et exportées, indique un droit de six deniers parisis pour chaque « charge de cheval de poterie », ce qui atteste un important commerce. On sait qu'en 1459 Guillaume Herman, « potier de terre », exécuta pour le compte du duc de Bourgogne « un marmouset servant sur une grande fenestre » de la salle du château de Lille. Le musée de Sèvres possède un amusant ménétrier en terre vernissée de Savigny qui paraît remonter aux environs de 1475, et nous

l'église d'Orbais; de M. Mathon père sur les *Carrelages du treizième au seizième siècle dans la Normandie et le Beauvaisis*; de M. André Pottier sur les *Poteries normandes des treizième, quatorzième et quinzième siècles*, etc.

donnons ici deux plats à inscriptions qui datent à peu près de la même époque.

Ces exemples, et d'autres encore qu'on pourrait citer, sont corroborés par quelques documents judiciaires, et notamment par deux curieuses instances[1], établissant qu'au xve siècle la fabrication des poteries vernissées ne laissait pas que d'être florissante, même à Paris.

Après cela, on pourrait croire que l'étonnant mouvement de renaissance qui transforme, au xvie siècle, la céramique italienne, eut son contre-coup de ce côté des Alpes. Il n'en fut rien, et le fait est d'autant plus surprenant que le goût de ces beaux ouvrages était répandu à la cour de France et qu'on en faisait une importation relativement considérable.

La preuve de cette importation se trouve consignée dans certains textes de l'époque. L'*Inventaire du château de Nérac,* rédigé par ordre de Montluc en 1569, ne mentionne pas moins de 125 pièces de vaisselle de terre, ouvrages dits de Venise, tels que bassins de différentes tailles, écuelles, assiettes, réchauds, aiguières, chandeliers, flacons, coupes, soutiens de plats, etc., tous décorés de personnages polychromes. Pierre de l'Estoile raconte que le mardi 26 janvier 1580, le cardinal de Birague offrit une collation

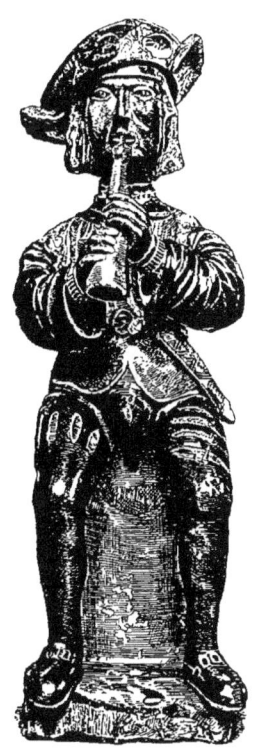

Fig. 50. — Ménétrier en terre vernissée de Savigny (xve siècle).

---

1. Ces pièces ont été analysées par nous dans le *Dictionnaire de l'ameublement et de la décoration,* à l'art. Faïence.

au roi, aux reines et aux seigneurs et dames de la Cour, dans la grande galerie de son logis, « en laquelle y eust deux longues tables, couvertes d'onze à douze cens pièces de vaisselle de Faënze, plaines de confitures sèches et dragées de toutes sortes, accommodées en chasteaux, piramides, plates-formes et autres façons magnifiques. — La pluspart de laquelle vaisselle, ajoute Pierre de l'Estoile, fut rompue et mise en pièces par les pages et laquais de la cour..., qui fust une grande perte, car toute la vaisselle estoit excellemment belle. » L'estimation faite par le marquis de Rohan des *Meubles de Madame, sœur unique du roy* (Henri IV), nous apprend également que cette princesse possédait tout un assortiment de canettes, buires, bassins et pots à l'eau, assiettes, flacons, écuelles, « grands vazes painets en paysage », le tout « de vaisselle de Fayence ». On sait, en outre, que l'*Inventaire de Catherine de Médicis* était, dans ce genre, abondamment fourni.

Bien mieux, nous avons vu plus haut que François Ier avait attiré en France, dès 1526, Jérôme della Robbia. Henri II, son fils, accorda à Francisque de Pesaro, puis, quelques années plus tard, à « Julien Gambin et Domange Tardésir, natifs de Fayence en Italie », le privilège d'établir à Lyon une fabrique. Enfin Catherine de Médicis, qui dans sa jeunesse avait assisté à la période la plus glorieuse de la floraison italienne, encouragea, elle aussi, la fabrication française.

Dès lors comment expliquer les délicieux mais timides essais qui devaient se traduire par ces ouvrages exquis, auxquels on a donné successivement le nom de faïence de Henri II, d'Oiron et de Saint-Porchaire ? Comment expliquer la vie de Bernard Palissy, ses luttes et ses recherches incessantes, ses désespérances et ses déboires, pour n'arriver que très imparfaitement à la solution de problèmes qui, non seulement étaient de pratique courante à Urbino, à Pesaro, à Venise et dans vingt autres villes italiennes, mais qui, dès la première moitié du xvɪᵉ siècle, avaient reçu en France, à Lyon, à Rouen et à Nevers, un commencement d'application.

Certes, pour rien au monde nous ne voudrions paraître marchander notre admiration à ces gracieuses, terres de pipe de Saint-Porchaire ou d'Oiron. Leur forme composée avec goût et leur décoration d'une finesse admirable sont

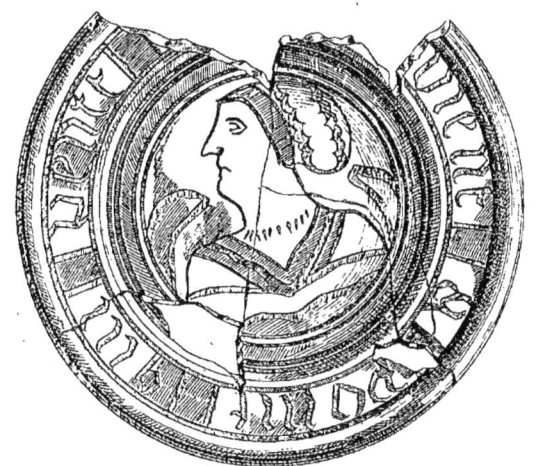

Fig. 51. — Plat en terre vernissée avec inscriptions françaises (xvᵉ siècle).

assurément charmantes ; mais, au point de vue purement céramique, leur pâte friable, sans lien, sans consistance, et que protège à peine une mince glaçure, ne saurait être comparée à ces argiles sonores, revêtues d'émaux épais et superbes, qui, depuis cinquante ans, étaient obtenus sans efforts par les potiers d'Urbino ou de Faenza ; et ce décor, exécuté au petit fer comme un travail de relieur, malgré son infinie délicatesse et son exquise fragilité, paraît presque pauvre à côté des magistrales peintures sorties des ateliers de Guido Durantino et d'Horatio Fontana.

De même il y aurait quelque ingratitude à ne pas tenir

compte à Bernard Palissy de son admirable constance et de sa persévérance infatigable. La vie de ce noble et généreux esprit, qui fut surtout un remarquable écrivain, mérite de n'être pas absolument passée sous silence dans un livre qui s'adresse à la jeunesse. Elle appartient à l'histoire; mais dans l'examen de ses découvertes, il faut se garder de toute exagération, et ne pas accorder à celles-ci plus d'importance qu'elles n'en comportent.

PALISSY ET SES RUSTIQUES FIGULINES. — Né en 1510, dans la paroisse de Biron (Dordogne), Palissy commença par exercer différentes professions qui, si elles ne confinent pas directement à la céramique, devaient le pourvoir de connaissances préliminaires, dont il était appelé par la suite à tirer parti. Il fut tour à tour peintre verrier, dessinateur de jardins, arpenteur, et comme tel il releva les plans et « pourtraicts » de nombre d'habitations seigneuriales[1]. Avec cela grand voyageur, doué d'un esprit inquiet, qui lui interdisait de demeurer longtemps en place, il se mit en route de bonne heure, commença par visiter la France, les Flandres et l'Allemagne, exerçant partout ses multiples talents, à l'affût de toutes les nouveautés, s'enquérant de toutes les découvertes; et voilà comment nous le rencontrons à Saintes en 1542, jeune encore, mais déjà mûr d'esprit, l'intelligence enfiévrée par ce qu'il avait vu, et rêvant de grandes inventions qui devaient bouleverser l'art et l'industrie.

C'est dans cette ville, en effet, que, pour la première fois, ne trouvant pas l'emploi de son activité, il eut l'idée d'exécuter des céramiques émaillées, dans le genre d'une certaine coupe qu'il avait aperçue dans sa jeunesse. Voici, au

1. Cette dernière occupation, qui ne laissait pas que de fournir beaucoup de travail en un temps où la noblesse française reconstruisit ses châteaux, a fait croire à certains biographes que Palissy avait été à ses heures peintre de portraits, ce qui est peu admissible. Le substantif portrait, à cette époque, était synonyme de dessin et n'avait pas la signification spéciale qu'il a reçue depuis.

surplus, en quels termes il raconte lui-même la genèse de son invention. « Il y a vingt-cinq ans passés, écrit-il, qu'il me fut montré une coupe de terre tournée et esmaillée, d'une telle beauté que, dès lors, j'entray en dispute avec ma propre pensée, en me remémorant plusieurs propos qu'aucuns m'avoient tenus en se mocquant de moy lorsque je peignois des images. Or, voïant que l'on commençoit à les délaisser

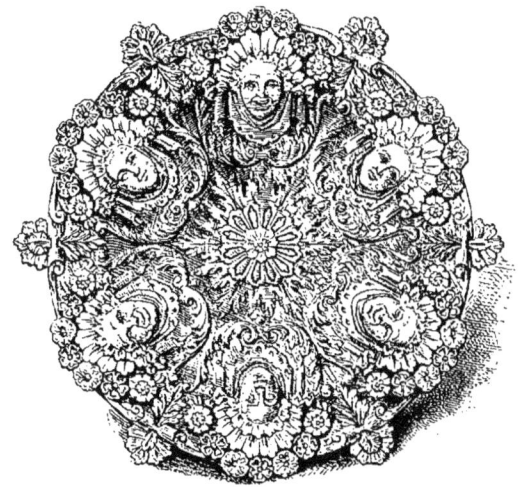

Fig. 52. — Drageoir en terre émaillée par Bernard Palissy.

au pays de mon habitation, aussi que la vitrerie n'avoit pas grande requeste, j'avois pensé que si j'avois trouvé l'invention de faire des esmaux, que je pourrois faire des vaisseaux de terre et autre chose de belle ordonnance, parce que Dieu m'avoit donné d'entendre quelque chose de la pourtraicture, et dès lors, sans avoir esgard que j'avois nulle connoissance des terres argileuses, je me mis à chercher les esmaux comme un homme qui taste en ténèbres. »

Il est clair que lorsque Palissy évoque ici ses souvenirs, il n'est servi par sa mémoire que d'une façon approximative. En 1542 il avait trente-deux ans; vingt-cinq ans plus tôt il n'en comptait que sept. Il est peu probable qu'à un âge aussi tendre, il ait été très vivement frappé par la vue d'un objet d'art, quelque parfait qu'il pût être, et qu'il en ait surtout conservé en son cerveau une image assez précise pour être, un quart de siècle plus tard, préoccupé de cette vision enfantine et tenté d'imiter l'objet entrevu. Par contre, il est forcément plus exact quand il raconte ses recherches et ses luttes. Celles-ci sont, au surplus, particulièrement instructives. Ne sachant pas modeler, Palissy prit le parti de mouler un certain nombre d'objets, coquilles, animaux, reptiles, et de les disposer dans des plats qu'il faisait tourner ou mouler, pour recouvrir ensuite le tout d'émaux colorés rappelant la nature. On a longtemps cru que Palissy avait été l'inventeur de ce genre de décor. L'érudition moderne a démontré qu'il était pratiqué depuis nombre d'années quand il songea à en tirer parti[1]. Mais, qu'il ait été ou non l'inventeur de ces moulages, l'ap-

1. Il est à remarquer que certaines descriptions insérées dans le *Songe de Poliphile*, et remontant par conséquent au XVe siècle, pourraient s'appliquer à des plats de Palissy. Or il semble peu vraisemblable que notre céramiste, qui était un lettré, n'ait pas eu connaissance d'un ouvrage dont la vogue, en son temps, fut immense. En outre, nous relevons dans les *Comptes des bastiments de Henri II* un payement de 315 livres 2 sols 9 deniers effectué « à Paul Romain et Ascaigne Desmary, pour l'or et l'argent par eulx fourny et employé à un bassin d'argent doré, dedans lequel y a une nef figurée, de laquelle sort toutes sortes de poissons en ung vaze ». Cette abondance de poissons et la date de ce beau bassin, qui figure dans le *Compte sixième* du trésorier Pierre de La Fage, *Compte* finissant le 31 mars 1552, semblent indiquer que, dans cette voie nouvelle, l'argenterie précéda la céramique. Ajoutons que les poteries émaillées, représentant des objets naturels en relief, n'étaient point elles-mêmes une nouveauté. Nous avons vu plus haut qu'en 1459 Guillaume Herman, potier de terre, avait exécuté un « marmouset » qui servait de couronnement à une fenêtre du château de Lille. Un grand nombre d'épis de faîtage existaient en Normandie. Marguerite d'Autriche, d'après son *Inventaire* (1524), possédait « deux grosses pommes et un concombre de terre cuyte painctz ». Enfin l'œuvre de Jérôme della Robbia, à Fontainebleau et au bois de Boulogne, comportait des quantités de décorations de ce genre.

plication des émaux sur ces premières *figulines* ne laissa pas que de causer à Bernard Palissy des déboires sans nombre, déboires d'autant plus facilement explicables qu'il procédait par empirisme pur, et que lui-même, nous l'avons vu, se comparait à un homme qui « taste en ténèbres ». Il suffit de lire, au surplus, le récit de ses luttes, pour se convaincre que dans le martyrologe des inventeurs, il en

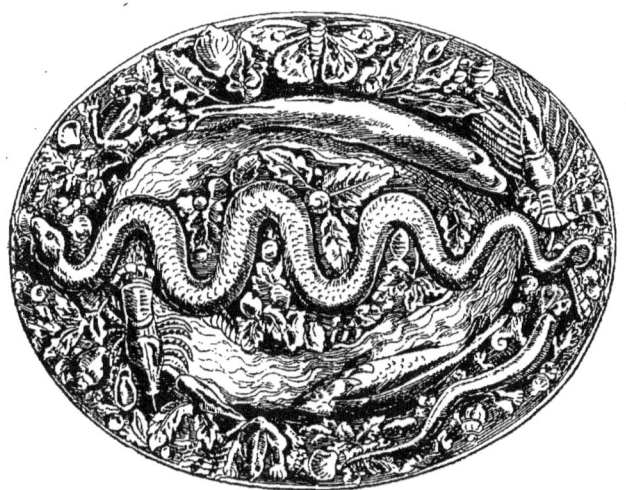

Fig. 53. — Plat décoré de poissons et reptiles par Bernard Palissy.

est peu qui soient plus touchantes. Le principal obstacle à sa réussite vint de ce que les divers émaux employés par lui entraient en fusion à des températures différentes. Ainsi les émaux colorés dont il couvrait ses « serpens, escrevices, tortues et cancres », coulaient ou se volatilisaient avant que le blanc « eût receu aucune beauté ». « Toutes ces fautes m'ont causé un tel labeur et tristesse d'esprit, écrit-il, qu'auparavant que j'aye eu rendu mes esmaux fusibles à un mesme degré de feu, j'ay cuidé entrer jusques à la porte du sépulcre. »

On ne peut, à ce douloureux récit, se dispenser d'être ému; mais pourquoi tant de sacrifices et de déceptions cruelles, pour mener à bien un problème résolu depuis près d'un siècle? A quoi bon tant de tâtonnements inutiles pour pénétrer ce qui n'était plus un secret?

L'industrie moderne, qui, maîtresse de ses procédés, sûre de ses moyens, avance scientifiquement dans les voies qu'elle explore, ne s'est pas montrée dédaigneuse des efforts du vieux maître. Elle a étudié ses ouvrages avec la plus scrupuleuse attention, elle a analysé ses pâtes et ses émaux; elle s'est fait un devoir de reconnaître que pour obtenir de pareils résultats par empirisme, il avait fallu beaucoup de persévérance et une rare énergie.

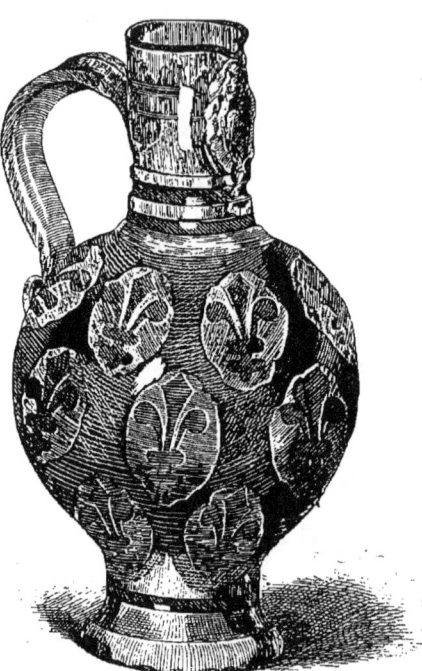

Fig. 54. — Broc en grès orné de fleurs de lis.

Mais, pour nous qui jetons sur l'histoire de la céramique un coup d'œil d'ensemble, nous ne pouvons nous empêcher de constater que l'œuvre de Palissy n'est vraiment admirable que si on le compare à ce qu'était la céramique française au moment où il commença ses travaux.

Faïence de Rouen. — A l'exception de quelques grès

d'assez fière tournure, fabriqués dans le Beauvaisis[1], cou-

1. Les plus estimés des grès anciens français ont été fabriqués dans le Beauvaisis. Le musée de Cluny en possède une suite intéressante. Dès le xvi° siècle, au surplus, les grès de Savigny, près Beauvais, étaient célèbres. Rabelais recommande, pour emporter avec soi le vin, de faire usage de flacons de grès ; « toutes foys, écrit-il, les meilleurs pour ce faire sont noz beaulx flacons de Beauvois, qui sont azurez et bons à merveilles, et se garde mieulx le vin en iceulx longuement et frais sans corrompre, comme j'ay tousjours ouy dire à ceulx de nostre ville de Beauvois et à ceulx de Savignie et de Léraulx, qui sont les lieux là où on les faict. » De son côté Bernard Palissy, juge compétent en ces matières, écrit, en parlant des « terres d'argile » : « Il y en a une espèce à Savigny en Bauvoisis que je cuide qu'en France il n'y en a point de semblable, car elle endure un merveilleux feu. » Au xvii° siècle la fabrication de Mortain en Normandie fit une concurrence assez grande aux produits de Savigny ; mais cette dernière reprit bientôt le dessus, et l'*Avant-Coureur* du 6 octobre 1766 nous apprend que la main-d'œuvre y était alors assez parfaite pour qu'on entreprit d'y fabriquer des tonneaux d'une contenance de soixante pintes.

Au xviii° siècle, on établit également à Montargis une fabrique de « grais d'Angleterre » qui ne paraît pas avoir donné de bons résultats. En ce moment on fait de grands et louables efforts pour rendre aux grès cérames leur ancienne importance décorative. La matière elle-même, par sa dureté et sa rudesse, se prête à

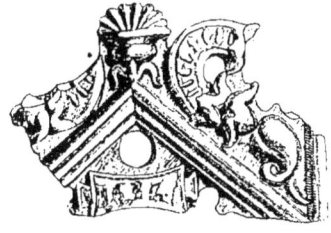

Fig. 55. — Fragment de bénitier en terre émaillée daté de 1534 et trouvé dans la Seine.

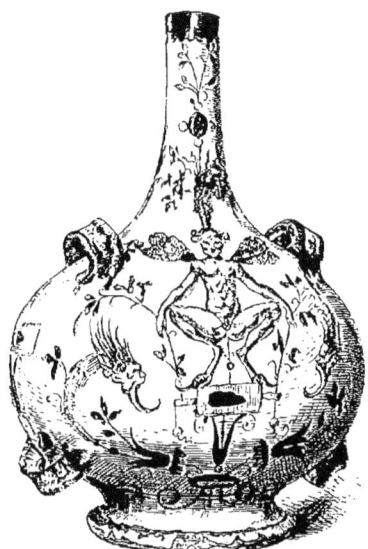

Fig. 56. — Gourde en faïence de Rouen (xvi° siècle).

verts d'un riche vernis bleu, vert ou marron, parfois décorés d'un semis de fleurs de lis ou de scènes de la Passion fort remarquables ; en dehors de quelques plats recouverts d'engobes colorés, dont la surface, entamée par l'ébauchoir ou le burin, laisse paraître le fond, et si l'on omet quelques tessons sans certitude de provenance ainsi que la belle gourde et les curieux carrelages exécutés à Rouen par le faïencier Masséot Abaquesne, nous ne savons à peu près rien de certain sur la fabrication française antérieure au xviie siècle.

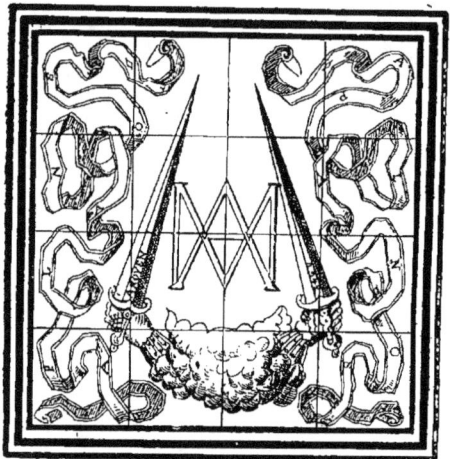

Fig. 57. — Carrelage exécuté à Rouen en 1543 pour le connétable de Montmorency.

Pour Rouen même, où nous voyons entre 1540 et 1550 un atelier en pleine activité, et dont les ouvrages sont dignes de toute notre estime, il faut sauter presque un siècle, si l'on désire se trouver en présence d'un autre céramiste dont l'existence soit attestée à la fois par des documents irréfutables et par des produits d'une origine incontestée. Ce céramiste nouveau est Poirel, sieur de Grandval, huissier du cabinet de la reine, qui obtint un privilège en 1644. Les documents céramiques qui nous révèlent son genre de fabrication consistent en diverses pièces sur lesquelles se trouve la mention *Faict à Rouen*

---

des effets que les autres pâtes céramiques ne sauraient donner. Il est donc naturel qu'on cherche à se servir de ces qualités uniques en leur genre.

en 1647. Ajoutons que ces pièces, au nombre desquelles figure le *Plat du Centaure* (voir fig. 58), sentent l'influence italienne, et rappellent la fabrication nivernaise. On a donc été autorisé à conclure de ce double caractère que, pour cette seconde période de fabrication, Poirel et son succes-

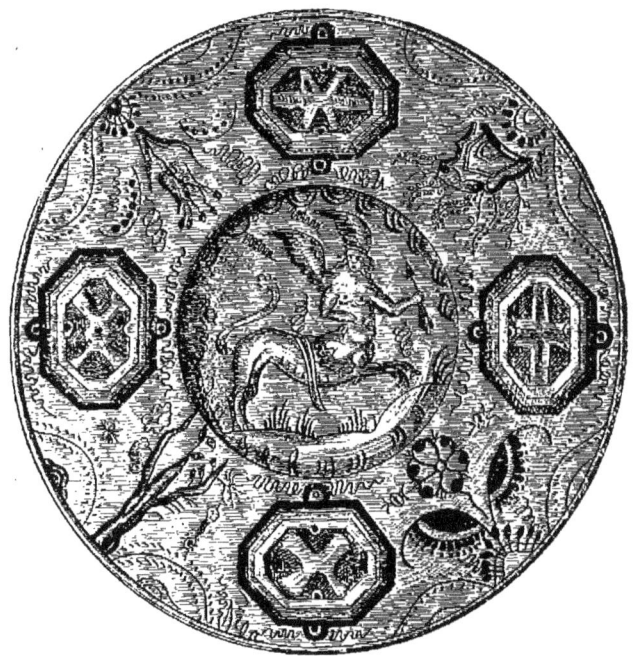

Fig. 58. — Plat dit à *la Centauresse*, fabriqué à Rouen en 1642.

seur Edme Poterat avaient attiré à Rouen des ouvriers de Nevers.

Avec Louis Poterat, qui obtint en 1673 un autre privilège, dérogeant à celui antérieurement conféré au sieur de Grandval, la production rouennaise subit une influence différente. Elle s'inspire des modèles de Delft. Louis Poterat, au surplus, ne faisait pas mystère de ses préférences. Dans sa demande au roi, il exposait qu'il entendait copier

« la fayence d'Holande », dont il avait, disait-il, pénétré le secret ; et c'est seulement en 1699, sur une pièce signée *Brument,* qu'apparaît pour la première fois le décor qui allait, par la suite, devenir caractéristique de la fabrication rouennaise.

Un des plus remarquables exemples de l'application de cette nouvelle ornementation nous est fourni par l'ensemble des pièces composant le service destiné au maréchal François-Henri de Montmorency, duc de Luxembourg, gouverneur de Normandie. Ce service, dont le musée de Cluny possède plusieurs pièces, vit le jour entre 1690 et 1695. Il est attribué à la fabrique de Guillebaud. Ces beaux spécimens sont polychromes. Avant de varier leur palette, les céramistes rouennais avaient, toutefois, exécuté sur émail blanc, en bleu d'abord, puis en jaune ocré, en brun ou en violet, des décors d'une richesse et d'une ampleur incomparables. Le dessin de ces décors, sans aucun modelé, mais parfaitement symétrique, formé de cartouches ou de vastes rosaces rayonnantes associées à de riches lambrequins, est d'une élégance parfaite et d'une irréprochable beauté. C'est là,

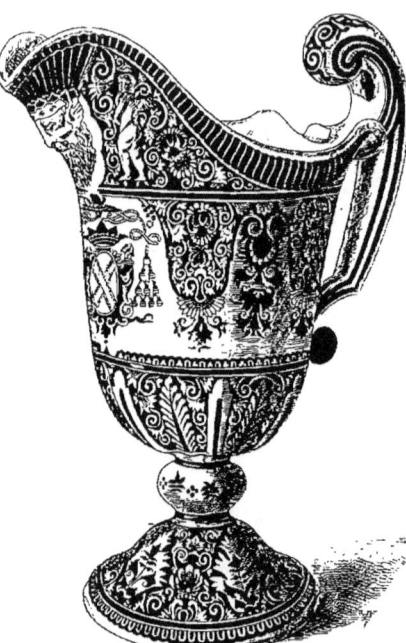

Fig. 59. — Aiguière casquée, décor à lambrequins, faïence de Rouen.

au point de vue décoratif, la plus magistrale période de la fabrication rouennaise.

L'époque qui suit est déjà moins heureuse. Avec une palette plus riche, les faïenciers font preuve de moins de goût. A la rosace centrale succèdent ces fleurons, ornés de

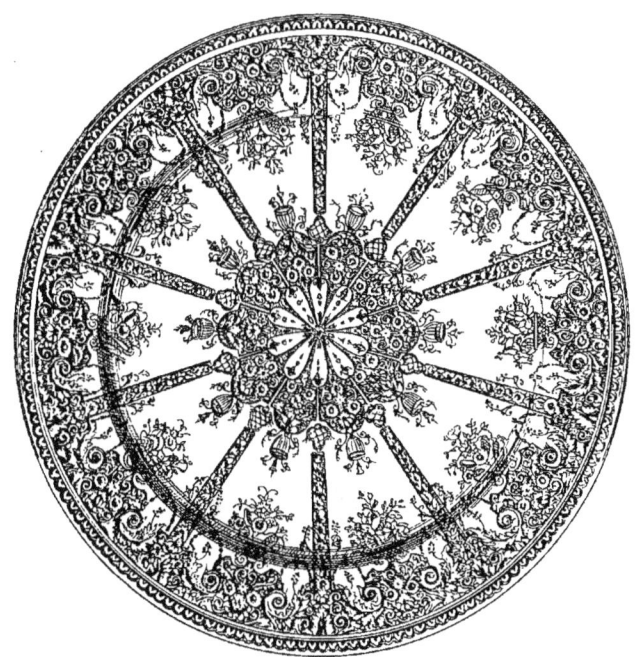

Fig. 60. — Grand plat à décor rayonnant, en faïence de Rouen.

corbeilles, d'oiseaux, de rinceaux, qui semblent imités des ornements typographiques. Puis, l'inspiration chinoise, si puissante durant le premier quart du xviiie siècle[1], se fait sentir à son tour dans les ateliers rouennais. Les pagodes, les paysages dans le genre de Pillement, occupent le centre, pendant que sur les bords des dessins quadrillés vert

1. *Dictionnaire de l'ameublement et de la décoration*, t. Ier, au mot CHINE.

et rouge, aux lignes éclatantes, alternent avec des réserves où se détachent, en nuances vives, des fleurs exotiques ou des bouquets empruntés aux assiettes du Japon. C'est à ce Guillebaud dont nous tracions à l'instant le nom qu'on fait l'honneur de cette innovation plus ou moins louable, et à laquelle succéda une application beaucoup plus riche du

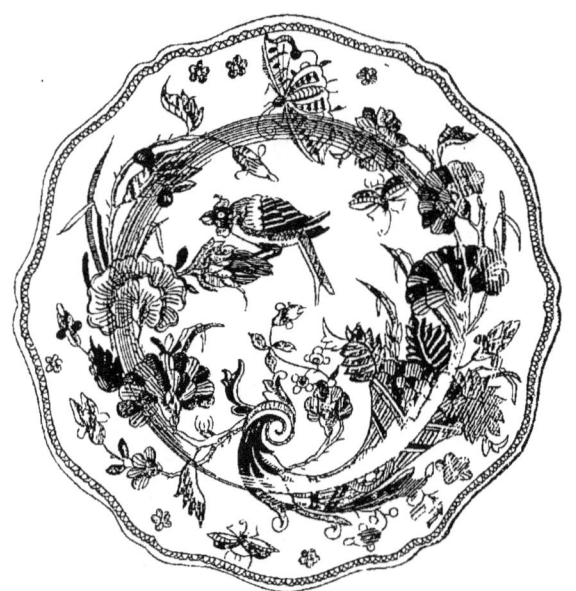

Fig. 61. — Plat dit *à la corne*, en faïence de Rouen.

genre rocaille. Cette troisième phase du décor rouennais se distingue surtout par l'absence de symétrie et par la mise en œuvre d'attributs nouveaux, dont l'ingéniosité des peintres sut tirer un brillant parti. C'est l'époque où les *cornes d'abondance,* les *carquois,* les *oiseaux*, les *gargouilles,* s'épanouissent au fond des assiettes, et où l'on entreprend ces ouvrages considérables, dont les bustes du Louvre et les sphères du musée de Cluny peuvent donner une idée.

Parmi les céramistes les plus appréciés de cette période,

on cite Pierre Chapelle, Claude Borne, Leleu et enfin Mme de Vilerai. Ajoutons qu'à côté de ces grandes pièces, il faut placer une multitude d'objets variés. Assiettes, plats, compotiers, lampes, jardinières, encriers, grivoises, épicières, crucifix, brocs à cidre, ornés de saintes images ou des noms de leurs propriétaires, sortirent par milliers des ateliers de Saint-Sever, attestant une fécondité d'invention dont nulle part ailleurs on ne trouverait l'équivalent.

Ce redoublement de production fut comme le chant du cygne de la fabrication rouennaise. En 1786, elle comptait encore dix-huit faïenceries en pleine activité. A la fin du siècle presque toutes avaient disparu. Le goût avait changé. La porcelaine seule était en honneur, et la concurrence anglaise triomphait dans les ouvrages à bon marché.

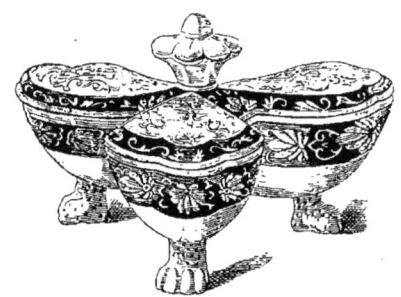

Fig. 62. — Petite épicière, en faïence de Rouen.

Faïence de Nevers. — Après les ateliers de Rouen, comme ancienneté et comme importance, il faut placer ceux de Nevers. Nous avons vu que, dès 1542, Masséot Abaquesne était établi à Saint-Sever, et c'est seulement aux environs de 1570 que s'allument les premiers fours nivernais. Louis de Gonzague, qui, par son mariage, en 1565, avec Henriette de Clèves, avait acquis le duché de Nevers, attira des céramistes italiens dans son nouveau domaine.

A la tête de ces artisans se trouvait un certain Scipion Gambin, vraisemblablement parent de Jules Gambin de

Faenza qui, en 1574, devait s'établir à Lyon, et c'est par l'origine même de ces faïenciers, autant que par l'inspiration et le goût de leur maître, qu'on explique le style exclusivement italien des premiers ouvrages exécutés à Nevers. Ornementation, choix des scènes, attitudes des personnages, décor, forme, exécution, tout, en effet, dans ces faïences du début, rappelle les œuvres d'Urbino et de Faenza déjà en pleine décadence.

Cette première période de la fabication ne fut pas de très longue durée. Dès 1602, une nouvelle influence se fait sentir. Les ateliers nivernais, désertés par leur personnel à la fin du XVI° siècle, et repeuplés grâce à la protection royale, passent sous la direction de Dominique Conrade, originaire de Savone. Les formes continuent encore d'être italiennes; mais le décor cesse d'être polychrome; il est uniformément exécuté en camaïeu bleu, parfois rehaussé d'un trait de manganèse. Quant aux motifs de décoration, ils semblent le plus souvent s'inspirer, comme ornementation, de la porcelaine orientale, grossièrement imitée, et interprétée avec une liberté étrange. Il faut croire que ce genre médiocrement artistique plut beaucoup, car Antoine Conrade, fils de Dominique, fut, pendant la minorité de Louis XIV, nommé « fayencier de la Maison du Roy » (1647-1648). Un autre de ses descendants, Antoine Conradin, obtint plus tard ce même titre (1674-1683), et par la quantité de spécimens de leur fabrication qui nous ont été conservés, on peut estimer, à coup sûr, que celle-ci fut considérable.

Ajoutons que la fabrique des Conrade n'est pas la seule qui fonctionna à Nevers. Dès 1632, on ne compte pas moins de quatre ateliers en cette ville, et dans le nombre il en est un dirigé par un céramiste d'un très réel mérite, Pierre Custode, établi à l'enseigne de l'*Autruche*. C'est à lui qu'on doit ces belles faïences à fond bleu foncé, décorées en blanc, parfois rehaussées de jaune, dont l'ornementation possède une saveur si franchement orientale, que Brongniart, dans son

Traité des arts céramiques, n'hésita pas à les classer parmi les faïences persanes. A cette même époque appartiennent aussi des faïences à fond jaune, d'une fabrication très remarquable. Mais cette belle période, si productive, dura peu.

A partir du xviiie siècle, l'originalité semble avoir déserté les ateliers nivernais, et c'est en vain que la refonte de l'argenterie imprima un redoublement d'activité aux faïenceries françaises. L'ingéniosité première avait disparu pour ne plus revenir. La production se maintint, cependant, comme quantité, et continua de représenter un chiffre élevé; mais si elle ne cessa pas d'être une industrie lucrative, la céramique nivernaise perdit, au point de vue de l'art, tout son prestige, et il suffit de voir en quels termes Sénécé, dans ses *Épigrammes,* parle des aiguières qu'on fabriquait en cette ville, pour se rendre compte du peu d'estime où, de son temps, l'on tenait ses produits.

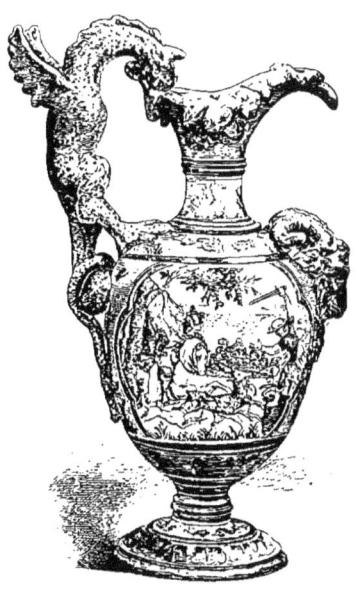

Fig. 63. — Buire en faïence de Nevers.
(MUSÉE DE CLUNY.)

En avançant vers la fin du siècle, la décadence s'accentua même de plus en plus, et c'est aux derniers céramistes nivernais qu'on doit ces suites d'assiettes grossières, chargées d'emblèmes enfantins et de barbouillages sans valeur, qu'on désigne, dans le commerce de la curiosité, sous le nom de *faïences patriotiques.* Triste fin pour de si brillants commencements.

Faïence de Moustiers. — Le premier atelier de Moustiers, petite ville du département des Basses-Alpes, fut fondé au milieu du xviie siècle par une famille marseillaise, les Clérissy, ou Cléricy, qui, depuis longtemps, comptait parmi ses membres des céramistes d'une rare habileté. En 1618, « Anthoine Clérissy, de la ville de Marseille », était attaché à la personne du roi et « travailloit pour donner plaisir à Sa Majesté en terres sigillées et autres terres, tant pour faire des carreaux émaillez que potz, vazes, animaux et autres choses ». Il recevait pour ses gages 600 livres, somme considérable pour le temps.

Il n'est pas surprenant qu'entre les mains d'une telle famille, la faïence de Moustiers ait rapidement atteint un grand degré de perfection, et que la finesse de sa pâte, la beauté de son émail, l'originalité de son décor, lui aient permis de prendre une place au premier rang, immédiatement après les produits de Rouen et de Nevers.

On ignore le prénom du premier des Clérissy qui s'établit à Moustiers. Son fils Pierre, mieux connu, dirigea la fabrication de 1686 à 1728. Un neveu, qui était en même temps son filleul, succéda à Pierre Clérissy et fut anobli par Louis XV en 1743. Nommé plus tard secrétaire du roi, en sa chancellerie près le parlement de Provence, Pierre II Clérissy, seigneur de Trévans et de Saint-Martin d'Alignos, céda sa fabrique à un habile décorateur, Joseph Fouque, qui n'occupait pas moins de vingt-deux peintres. C'est de cette faïencerie que sortirent les principaux ouvrages de Moustiers, qui sont encore à l'heure actuelle l'honneur de collections publiques et privées.

A la mort de Joseph Fouque, la direction de la Manufacture passa entre les mains du sieur Chaudon, qui la lança dans des voies inexplorées. Jaloux d'étendre le rayon de ses affaires, cet industriel voyagea par toute la France et vint même à Paris, où il chercha à éveiller la sollicitude des amateurs, par des réclames insérées dans les journaux du temps.

Il est à croire que son appel fut entendu, car, pour répondre aux demandes sans cesse renouvelées de ses clients, le directeur de la fabrique de Moustiers dut établir un dépôt rue Saint-Honoré, entre la rue Tirechape et la rue des

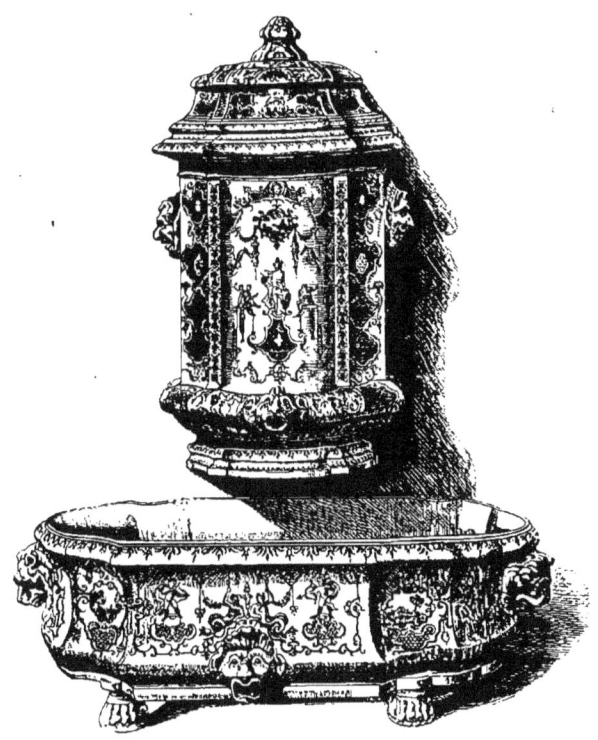

Fig. 64. — Fontaine en faïence de Moustiers.

Bourdonnais. A ce moment la production de cette faïencerie était des plus variées. On trouvait, à son dépôt, toutes sortes de vaisselles, comme « plats, assiettes, pots à oille, pots à l'eau, jattes, saucières, moutardiers, tasses à café, à thé, soucoupes, seaux, huilliers, saladiers, terrines, compotiers, sucriers, cuvettes, écuelles couvertes, bassins à barbe, étuis à savonnette, etc.[1] ». Dès cette époque, cependant, la décadence se faisait déjà sentir, et le décor n'avait plus l'ampleur et la beauté qu'on admirait au siècle précédent.

Au début, en effet, les peintres de Moustiers, en s'inspirant des beaux dessins d'Antonio Tempesta, reproduits par eux avec une rare *maestria*, et dans un camaïeu bleu d'une douceur charmante, avaient enfanté des ouvrages d'un très grand caractère et d'une allure peu commune. Les plats ronds, représentant des chasses aux bêtes féroces, exécutées d'après ce maître, constituent de véritables œuvres d'art. Plus tard, quand la fabrication prit un certain développement, la décoration changea d'aspect. Demandant ses modèles à Bérain et à Claude Gillot, elle s'exerça à distribuer des figures allégoriques au milieu de grotesques d'un goût rare. Cette seconde phase est encore monochrome. C'est toujours le bleu qui en fait les frais. Avec la troisième, la polychromie entre en scène, mais une polychromie veule et lavassée, sans vigueur et sans accent, représentant de petits médaillons entourés de guirlandes de fleurs, où la correction et la finesse du dessin ne rachètent pas la fadeur du coloris. A cette même époque peuvent se rattacher les plats à armoiries, et ces vaisselles à gueux, à mendiants et à vagabonds de toutes sortes peints en vert ou en brun, dont la haute fantaisie fait penser à Callot.

L'histoire de ce lieu de production, situé à l'écart, isolé des influences dominantes, et arrivant, en dépit de sa situation ou peut-être grâce à elle, à créer un produit spécial, d'une indiscutable originalité, constitue dans l'histoire de la Céramique un fait extrêmement remarquable, et l'on s'explique que cette réussite si particulière ait grandement frappé les contemporains. Et c'est sans doute à cette sorte d'étonnement admiratif, autant qu'à la spirituelle origina-

1. *Annonces, Affiches et Avis divers*, 15 janvier 1761.

lité de son ornementation, qu'il faut attribuer l'influence considérable que Moustiers exerça sur un certain nombre d'autres fabriques du midi de la France.

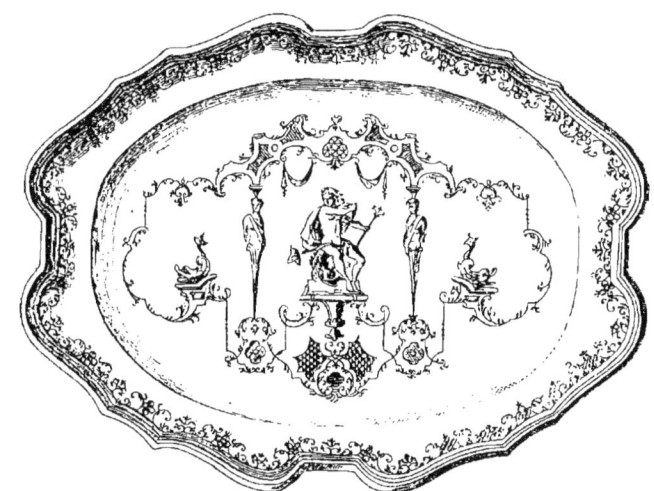

Fig. 65. — Plat en faïence de Moustiers.

FAÏENCE DE STRASBOURG. — Le décor des diverses faïences que nous venons d'étudier était exclusivement exécuté sur *émail cru* et au *grand feu*. Celles dont nous allons parler maintenant sont plus généralement décorées au *feu de moufle*. Nous avons expliqué dans notre premier volume ce qui distingue ces deux genres de décoration.

La manufacture de Strasbourg fut fondée vers 1709 par Charles Hannong. On y fabriqua d'abord des poêles. En 1721, un ouvrier de Meissen, nommé Wackenfeld, s'associa à Hannong, et la manufacture produisit dès lors de la vaisselle de service, en faïence fine et en porcelaine. A Charles Hannong succéda son fils Pierre. Celui-ci céda bientôt la place à son frère Joseph, lequel établit un dépôt à Paris, chez La Charre, rue de Grenelle, et dirigea sa manufacture avec succès, jusqu'au jour où les exigences excessives de la

Ferme royale entraînèrent sa ruine et l'obligèrent à éteindre ses fours.

La faïence de Strasbourg se recommande par son émail d'un beau blanc laiteux, par ses formes gracieuses et élégantes, et surtout par la vivacité des couleurs du décor. Celui-ci, formé presque exclusivement de fleurs imitées de la nature, est exécuté en teintes plates modelées à l'aide de hachures.

Cette ornementation capricieuse et d'un grand éclat, qui représente le plus souvent des jacinthes, des roses, des tulipes, des œillets, traités avec une grande franchise de touche et une rare sûreté de main, devait séduire le public de ce temps et ouvrir aux céramistes une voie nouvelle. C'est ce qui explique que les faïences de Strasbourg aient été fréquemment imitées.

FAÏENCE DE NIEDERWILLER. — Cette manufacture, fondée en 1754 par le baron de Beyerlé, dut à la collaboration forcée d'un certain nombre d'artisans enlevés aux Hannong, d'atteindre de suite et presque sans tâtonnements à une grande perfection. En outre, l'absence de préoccupations mercantiles semble avoir permis à ses décorateurs de soigner d'une façon toute spéciale leur travail, et à ses directeurs de poursuivre leur exploitation, longtemps après que la grande crise marquant la fin du siècle dernier, eut entraîné la disparition de la plupart des faïenceries françaises.

Au baron de Beyerlé, en effet, succéda comme propriétaire le général comte de Custine, et au commencement de ce siècle, Niederwiller produisait encore de la faïence superfine, rehaussée d'or, justement renommée. Ces faïences dans le goût japonais, ou imitées de la porcelaine de Saxe, sont, au surplus, d'une étonnante finesse. Une des spécialités de Niederwiller fut la production d'assiettes imitant le bois et décorées au centre d'un cartouche figurant une gravure.

FAÏENCE DE MARSEILLE. — C'est aussi au feu de moufle

que furent décorées les faïences de Marseille, du moins dans la seconde période de leur fabrication. Les manufactures de cette ville étaient relativement nombreuses, et leurs produits se recommandent presque tous, par la variété et la pureté de la forme, par la finesse et la richesse du décor. La plus importante et la plus renommée des faïenceries marseillaises fut celle de Savy, qui, à la suite d'une visite du comte de Provence, fut autorisée à prendre le titre de *Manufacture de Monsieur, frère du roy*. Celles de la veuve Perrin et de Joseph Robert jouissent aussi d'un juste renom auprès des amateurs.

La production de ces divers céramistes visa surtout l'imitation de la porcelaine. Les peintres s'inspirèrent de gracieux modèles de Saxe, et, soit qu'il représentât des scènes champêtres, des vues maritimes, des insectes ou des fleurs, le décor fut toujours traité par eux avec un soin rare, et souvent avec un certain talent. On a aussi de Marseille des céramiques à fond jaune d'un grand éclat. Ces dernières faïences furent imitées à Montpellier par un Marseillais, André Philip, qui fonda en 1770 une manufacture dans cette dernière ville.

FAÏENCE DE LUNÉVILLE ET DE SAINT-CLÉMENT; TERRES DE LORRAINE. — La fabrique de Lunéville, fondée par Jacques Chambrette, fut la première de ce groupe de faïenceries qui non seulement a eu, comme tant d'autres, son heure de célébrité, mais qui posséda encore cette rare bonne fortune de durer et de continuer de produire, alors que presque tous les centres céramiques étaient obligés d'éteindre leurs fours. Aujourd'hui les ateliers de cette région sont aussi florissants qu'à aucune autre époque.

Chambrette, assez habile et assez heureux pour assurer la réussite de sa manufacture de Lunéville, en fonda une autre qui ne fut pas moins prospère dans le voisinage de Saint-Clément. En 1758, quand il mourut, ses fils et son gendre continuèrent de gérer les deux manufactures, et obtinrent du roi Stanislas, pour la première, le titre de *Manufacture royale,* titre qu'elle porta jusqu'en 1772 ; mais à partir de la réunion complète de la Lorraine à la France, leur fabrication commença à décliner, et plus tard ils durent abandonner leur entreprise en pleine déconfiture.

La manufacture de Saint-Clément fut reprise par le céramiste Mique et le sculpteur Cyfflé. C'est à ce dernier que l'on doit les délicieuses statuettes précieusement conservées dans un certain nombre de collections. Lunéville et Saint-Clément, au surplus, ont fabriqué une quantité de ces figures en terre blanche émaillée qui ont été baptisées par les amateurs « terres de Lorraine ». On leur doit aussi ces grandes pièces décoratives, lions et chiens de faïence, qui eurent pendant plus de cinquante ans un succès exceptionnel.

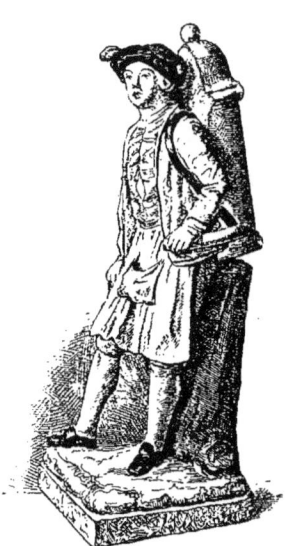

Fig. 66. — Statuette modelée par Cyfflé. Faïence de Saint-Clément.

FAÏENCE DE LILLE, DE VALENCIENNES, ETC. — La première manufacture établie à Lille en 1696 fut fondée par un faïencier de Tournay, Jacques Febvrier, qui s'associa un décorateur nommé Jacques Bossu. Cette manufacture demeura dans la famille de son fondateur. Elle fut, après la mort de Jacques Febvrier, exploitée jusqu'en 1773 par son gendre Boussenaer, puis par les filles de celui-ci.

Dès 1711, une autre fabrique avait été créée par un sieur Petit, et l'exemple de ce dernier fut suivi, car on compta, durant quelques années, jusqu'à cinq manufactures fonctionnant simultanément dans la ville et les faubourgs de

Lille. Toutes ces faïenceries fabriquèrent des carrelages et des vaisselles imitant les articles de Rouen, et plus tard ceux de la Hollande.

Les produits de Valenciennes, dont la fabrique principale fut fondée en 1745 par un Lillois du nom de F.-L. Dorez, sont remarquables comme exécution, et se rapprochent beaucoup de ceux de Lille.

Faïence de Lyon. — Nous avons parlé, au commencement de cette notice, des faïences qui furent fabriquées à Lyon durant le xvi° siècle. Il a également existé dans cette ville, au xvii° et au xviii° siècle, un certain nombre de faïenceries qui semblent avoir été importantes.

Dans sa nomenclature des deux cents noms de *tupiniers* (potiers), que M. Natalis Rondot a relevés dans les archives lyonnaises, et dont beaucoup ne méritaient pas as-

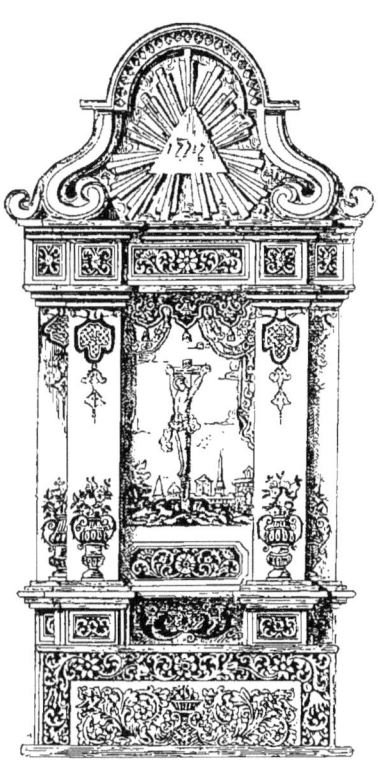

Fig. 67. — Bénitier en faïence de Lille.

surément l'honneur d'être arrachés à l'oubli, il en est quelques-uns qui sont dignes d'être retenus. Nous citerons notamment ceux de Gabriel Gambin (1613), de Gaspard Cléricy (1621), de Christophle Gambin (1637-1679) et de Morelan. Ce dernier nous amène à l'année 1733, où Lyon fut doté d'une manufacture royale de faïence. Cette faïencerie fut établie en vertu d'un privilège spécial accordé à Joseph Combe et Jacques Ravier, qui dès 1736 avaient cédé leur établissement à Françoise Blateran, femme Lemalle. La substitution ayant été approuvée et le privilège confirmé pour dix nouvelles années, par *Arrêt du conseil d'État* du 22 avril 1738, la veuve Lemalle reçut à différentes reprises des subsides importants de la municipalité lyonnaise. — Sa manufacture, située rue Boulet-Saint-Clair, n'occupait pas moins de trente artistes, peintres, sculpteurs, tourneurs, etc. On a toutefois peu de renseignements sur la nature de ses produits, qui, selon toute vraisemblance, se rapprochaient de ceux de Strasbourg et de Niederwiller.

En 1764, la municipalité lyonnaise accorda, à titre de subvention, trois annuités de 500 livres (en tout 1,500 livres) au sieur Patras, faïencier, pour l'établissement d'une autre manufacture, sur l'existence et la production de laquelle on est encore moins bien renseigné. A ces fabriques ayant laissé quelques souvenirs dignes d'être recueillis, on peut joindre, nous l'avons dit plus haut, toute une légion d'autres ateliers dont l'importance artistique est au moins discutable.

FAÏENCES DE PARIS ET DE L'ILE-DE-FRANCE. — Par une de ces singularités qu'il est assez difficile d'expliquer, la fabrication parisienne est à peine connue. Cependant elle ne laisse pas que d'être fort ancienne, et son importance, attestée par le nom de *Poterie* donné à plusieurs rues, est confirmée par des documents d'archives assez nombreux. Alors que des écrivains spéciaux n'ont marchandé ni les études ni les recherches pour reconstituer l'histoire de nos manufactures provinciales, celles de la capitale attendent encore leur historien.

Nous n'avons pas assurément la prétention de combler ici cette lacune. Nous nous bornerons à rappeler que les *Registres de la Taille* ne mentionnent pas moins de quarante-neuf potiers en 1292, et de vingt-quatre en 1313; que deux enquêtes publiées par Delamare établissent qu'au xve siècle il existait des manufactures de faïence au cœur même de Paris. Quant au xvie siècle, un acte de coalition daté du 17 février 1589 nous livre les noms de treize fabricants parisiens, parmi lesquels nous relevons ceux des Perigois, des Travallier, des Moureau, des Bachellier, qui paraissent avoir été des industriels riches et bien posés, capables d'entreprendre des fournitures considérables [1].

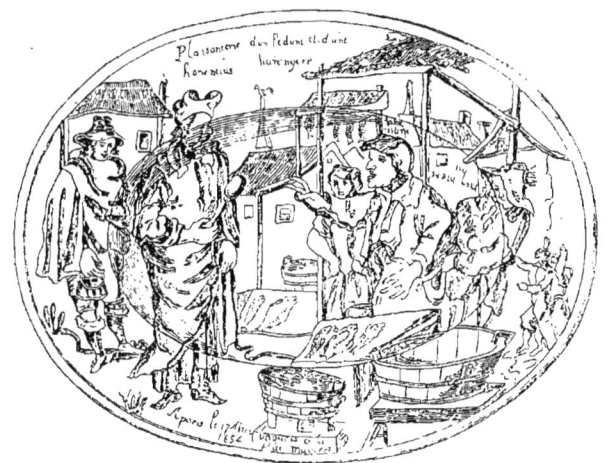

Fig. 68. — Grand plat bleu, en faïence de Paris.

A ces divers noms il faut ajouter ceux d'Antoine Piot, mort en 1590, et d'un ami de Pierre de l'Estoile, Fonteni le Boiteux, qui possédait une habileté singulière à exécuter des trompe-l'œil, et qui fit un jour présent à son ami « d'ung plat artificiel de sa façon, de poires cuittes au four, qui est bien la chose la mieux faite et la plus rapprochante du naturel qui se puisse voir ». Il ne faut pas oublier surtout qu'à cette même époque Bernard Palissy avait ses ateliers et ses fours dans le jardin des Tuileries.

1. Voir *Dictionnaire de l'ameublement*, à l'art. FAÏENCE.

Au XVIIe siècle nous avons noté le nom d'Antoine Clérissy, « travaillant pour donner plaisir à Sa Majesté ». Il convient de relever aussi ceux de Claude Révérend, qui fut un des fournisseurs du roi, et qui obtint de lui un privilège pour monter une faïencerie capable de contrefaire la « porcelaine d'Holande » (1664); de Louis Ménager, demeurant rue Coquillière, qui fut chargé de l'estimation des faïences ayant appartenu à Henriette d'Angleterre; de Louis Thibaut, qui avait la spécialité des pots de fleurs (1664); et du fameux Pierre Le Maire (1674-1700), qui non seulement eut la clientèle du roi, mais aussi celle de la duchesse de Bourgogne. Parmi les fournisseurs attitrés de la Cour il faut encore mentionner : Jean Perrin (1647-1652), Jean Avenel (1680-1688), Nicolas Bourgest (1680-1688), Commandeur (1682), de Voize (1683-1686), François Guillaume dit Dubuisson (1687), Pierre Baulard ou Branlard (1688), Mathieu Lambert, qui, en 1689, livra trente et un « pots de fayance pour mettre des fleurs dans l'appartement de la reyne d'Angleterre ». Citons aussi Beaupré (1691), etc.; mais quelle était au juste la profession de ces industriels ? Étaient-ils fabricants ou simplement marchands ? C'est ce que jusqu'à présent on n'a pu découvrir.

Pour le siècle suivant, les écrivains spéciaux n'ont guère été plus heureux. M. Jacquemart a retrouvé les traces de François Hébert (1720), de Genest (1730), de Jean Binet (1750), et M. Riocreux celles de Digne, auquel il attribue certains pots de pharmacie, imités de Rouen, qui furent fournis à l'abbaye de Chelles. On mentionne encore les noms de Dubois, de Petit, de Robillard, etc. Pour notre part, nous avons relevé dans les *Annonces, Affiches et Avis divers* du 8 novembre 1759 et du 21 avril 1760, des réclames du sieur Mignon, « seul entrepreneur de la *Manufacture royale des terres d'Angleterre*, établie vis-à-vis la porte du Pont-aux-Choux ». Nous avons également découvert dans la même feuille d'intéressants détails sur la *Manufacture de fayence japonnée de Saxe,* dirigée par Desparges et installée rue des Boulets, et le *Mercure* d'août 1763 renferme des particularités curieuses sur la manufacture de *fayence blanche au dedans et feuille morte au dehors* fondée par le sieur Roussel « rue Baffroid, près de la Roquette ».

Enfin, il faut encore mentionner, parmi les céramistes parisiens de la fin du siècle dernier, Charles Deverrier, qui fut établi en 1789 dans la rue du faubourg Saint-Antoine,

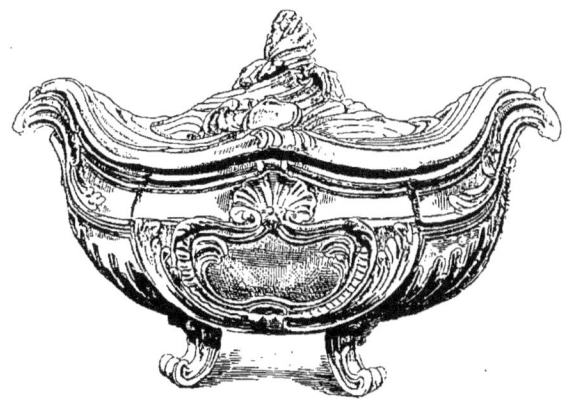

Fig. 69. — Soupière en *terre d'Angleterre*. — Faïencerie du Pont-aux-Choux (Paris).

et le citoyen Olivier, qui fabriqua surtout des poêles, dont un, représentant la Bastille, fait partie du musée de Sèvres. Olivier paraît, en outre, avoir été un innovateur d'un certain mérite. L'*Almanach sous verre* consacre plusieurs notices à ses découvertes de terres bronzées, de terres légères, de terres noires métalliques et d'émaux. Ajoutons qu'à cette époque le commerce de la céramique était, à Paris, si important, qu'en 1788 on ne comptait pas moins de quatre-vingt-dix marchands vendant spécialement cet article (voir *Almanach de Paris,* 1789), alors qu'en 1769 ils n'étaient que trente-sept.

Si nous savons peu de chose des manufactures intérieures de Paris, nous sommes un peu mieux renseignés sur celles de la grande banlieue parisienne. Parmi ces faïenceries suburbaines, celles de Saint-Cloud et de Sceaux jetèrent surtout un vif éclat.

La FAÏENCERIE DE SAINT-CLOUD, fondée par un céramiste dont le nom est devenu célèbre, Chicanneau père, remonte au dernier quart du XVIIe siècle. Dès cette époque, elle conquit sur le marché parisien une certaine importance, et en 1690 Abraham du Pradel, dans son *Livre commode,* disait qu'on y pouvait faire exécuter « tels modèles que l'on veut ». Chicanneau mort eut pour successeurs ses deux fils, qui passèrent la main à un protégé du duc d'Orléans, le sieur Trou, huissier de sa chambre, lequel était leur parent par alliance. Trou susbtitua la fabrication de la porcelaine à celle de la faïence. Les produits des Chicanneau sont donc les seuls dont nous ayons à nous occuper ici. Ils consistent en jolies assiettes, en sucriers délicats, décorés de bleu chatironné de noir, se rapprochant, comme motifs, de la production de Rouen, mais d'une ornementation plus capricieuse, plus fine, et qui fait déjà penser aux porcelaines tendres. La manufacture de Saint-Cloud avait son dépôt à Paris, rue Saint-Denis.

La FAÏENCERIE DE SCEAUX, bien qu'on lui attribue l'honneur d'avoir été fondée par la duchesse du Maine, est de date relativement récente. Elle fut construite en 1751 par Jacques Chapelle, lequel prétendait avoir seul le secret d'une certaine « terre de fayance ». Ses produits, qui eurent à lutter contre la porcelaine, alors dans tout son éclat, justifient, au surplus, cette prétention. Leur pâte fine, plastique, se prêtant aux moulures et aux reliefs délicats, est couverte d'un émail blanc et uni, sur lequel l'or et les couleurs affectent une douceur singulière. Son décor, composé de groupes d'Amours, de fins paysages, de guirlandes, de bouquets et d'emblèmes, est d'une grande élégance, et l'on s'explique, à la vue des beaux spécimens qui nous restent, la haute protection que le duc de Penthièvre accorda à cette production charmante. Lorsque Chapelle mourut, Glot lui succéda, et joignit la fabrication de la porcelaine à celle de la faïence[1]. Mais la décadence fut bientôt complète.

A peu près vers la même époque (1773), les sieurs Jacques et Julien, qui avaient primitivement exploité la manufacture de porcelaine de Mennecy, transportèrent leur matériel à BOURG-LA-REINE, où, à l'exemple de Sceaux, ils fabriquèrent de la faïence fine. Leur établissement prit par la suite, et sans doute après la fermeture de la fabrique voisine, le titre de *manufacture royale*. Le 28 mai 1789, le propriétaire de la faïencerie de Bourg-la-Reine, Charles-Symphorien Jacques, faisait annoncer la mort de sa femme dans le *Journal de Paris*. Bourg-la-Reine possède encore à l'heure actuelle une manufacture de faïence.

VINCENNES. — En 1767, Hannong fils établit, pour le compte du sieur Maurin des Aubiez, une manufacture de faïence, imitation de celle de Strasbourg, dans le château de Vincennes. Mais cette manufacture dura peu, et les *Annonces, Affiches et Avis divers* du 17 mai 1770 informent le public de la vente « des fayances composant le magasin de la manufacture du château de Vincennes, le 20 mai et les dimanches et fêtes depuis 11 heures jusqu'à 2, et depuis 3 jusqu'à 8 ».

Enfin, dans les environs de Paris ancien, il nous faut encore mentionner la FAÏENCERIE DE L'ÎLE SAINT-DENIS, établie dans les dépendances du château de M. de La Ferté; les deux fabriques de MONT-LOUIS, construites dans le voisinage actuel du cimetière du Père-Lachaise; la FABRIQUE DE SÈVRES, dirigée par le sieur Lambert; la MANUFACTURE DE MELUN et celle de BOISSETTE, sur le bord de la Marne, dont le matériel, les bâtiments et le privilège avec exemption de tailles furent vendus le 4 août 1766[2]; et

---

1. Voir *Mercure*, avril 1770.
2. Voir *Annonces, Affiches et Avis divers*, p. 630.

enfin les faïenceries de Montargis, de Mantes et de Meudon, qui toutes trois eurent une existence éphémère, et ont peu marqué dans l'histoire de la Céramique.

La MANUFACTURE DE MONTEREAU eut un sort meilleur. Fondée en 1775 par des Anglais, pour imiter la faïence du Royaume-Uni, objet, à cette époque, d'un engouement exagéré, elle fut gratifiée, dès son origine, de privilèges et de subsides. Cette manufacture, qui ne cessa jamais son exploitation et qui, réunie plus tard à celle de Creil, constitue encore aujourd'hui une de nos entreprises céramiques les plus considérables, peut nous servir de transition pour aborder l'époque contemporaine. C'est, au surplus, une très vive satisfaction pour nous de pouvoir constater qu'au double point de vue de l'importance industrielle et de la perfection des produits, notre temps n'a rien à envier aux périodes antérieures.

Après avoir longtemps sommeillé, et même après avoir été sur le point de disparaître complètement devant l'invasion de la porcelaine, la faïence a pris tout d'un coup un nouvel essor. Sa production a brusquement atteint un développement inattendu. Des applications nouvelles ont été créées, et, grâce aux progrès réalisés par la chimie et par la mécanique, nos faïenciers peuvent aujourd'hui reproduire scientifiquement tous les ouvrages fameux que les céramistes anciens n'avaient obtenus qu'accidentellement, et par les heureux hasards d'un ingénieux empirisme.

C'est ainsi qu'aux diverses expositions qui ont marqué ces vingt dernières années, nous avons vu M. Boulanger nous restituer les délicieuses terres émaillées d'Oiron ; MM. Barbizet, Sergent et Pull atteindre et même dépasser Bernard Palissy, dans la reproduction de ses « rustiques figulines » ; la fabrique de Quimper imiter à s'y méprendre l'ancienne faïence de Rouen, et Desvres copier tout aussi bien celle de Nevers. Quant aux articles plus modernes de forme, et d'un décor plus récent, une quantité de fabriques exécutent désormais des vaisselles d'un goût rare et d'un aspect charmant. Lunéville, Gien, Creil, Montereau, Bordeaux, Bourg-la-Reine et Paris, ne craignent sous ce rapport aucun rapprochement avec les faïenceries d'autrefois, et l'on a vu, à l'Exposition universelle de 1878, MM. Rousseau et Haviland exposer des services dessinés par M. Bracquemond, qui peuvent, comme originalité et comme bon aspect, braver tous les voisinages. Qu'il nous suffise de dire qu'à cette date (1878) la production de la faïence française s'élevait à 14 millions de francs et, dans 372 fabriques, n'occupait pas moins de 6,000 ouvriers.

Mais c'est surtout dans le domaine de la céramique décorative que nos faïenciers ont réalisé des progrès surprenants et mené à bonne fin des ouvrages que leurs prédécesseurs eussent déclarés impossibles. Les admirables carrelages exposés par MM. Deck et Boulanger; les décorations en relief de M. Parvillée; les magnifiques portraits exécutés, pour le premier de ces trois céramistes, par MM. R. Colin et Anker; les plats cloisonnés et les bouquets de fleurs peints par Mme Escallier; les nobles allégories de M. Ehrmann, si fièrement interprétées par MM. Legrain et Dargent; les grands vases de M. Lœbnitz; les bouquets et les scènes de chasse peints en barbotine, exposés par MM. Haviland, Houry, Laurin, Rivière et Landry, ne comportent pas, dans le passé de la céramique occidentale, d'assimilation possible, alors que les émaux admirables que MM. Viellard, Cellière, Poyard et Cie font scintiller sur la panse de leurs beaux vases, imités de l'Orient, achèvent d'assurer à notre époque une place à part et une page extraordinairement glorieuse dans l'histoire générale de la Faïence.

VII

LA HOLLANDE

Nous avons vu plus haut que Louis Poterat, dans la requête adressée par lui à Louis XIV, pour obtenir le privilège de fonder à Rouen cette fabrique de céramique qui devait, par la suite, jeter un si vif éclat, parle de faire « des faïences... à la forme de celles d'Holande ». Louis Saladin, quelques années plus tard, sollicitant une faveur pareille, expose qu'il a trouvé « le secret de fabriquer de la fayance aussi belle et aussi bonne que celle de Hollande ». Dorez et Wamps, à Lille, fabriquèrent, celui-ci des carrelages, celui-là des pièces de service « à la façon de Hollande ». Et c'est cette même fabrication que Révérend prétend imiter à son tour. On peut conclure de cette unanimité singulière que, dès la première moitié du xviie siècle, les faïences hollandaises jouissaient en Europe d'une renommée exceptionnelle.

Cette renommée, la Hollande la dut non seulement à la perfection relative de sa fabrication, mais encore au développement extraordinaire de son commerce, qui lui permit de faire pénétrer partout ses produits. Elle la dut surtout à cet esprit pratique qui porta ses industriels à créer une étonnante variété de formes d'un usage général, à décorer ces formes avec goût et à les mettre à la portée de tous les besoins et de toutes les bourses.

Alors que l'Italie s'était complu dans la fabrication d'une vaisselle de grand luxe et de haut goût, très artistique assurément, mais médiocrement commode et extrêmement coûteuse, la Hollande s'appliqua à la décoration de cette céramique de service, d'emploi facile et d'un prix abordable, qui allait bientôt remplacer sur les tables,

HISTOIRE 103

même les plus aristocratiques, la précieuse vaisselle d'argent dont les crises du xvii° siècle devaient entraîner la refonte.

On est d'accord, aujourd'hui, pour placer à Haarlem les premiers essais de la fabrication faïencière en Hollande. Avant cela, ce qu'on possède de poteries hollandaises se résume en quelques cruches de grès, nommées dans le pays

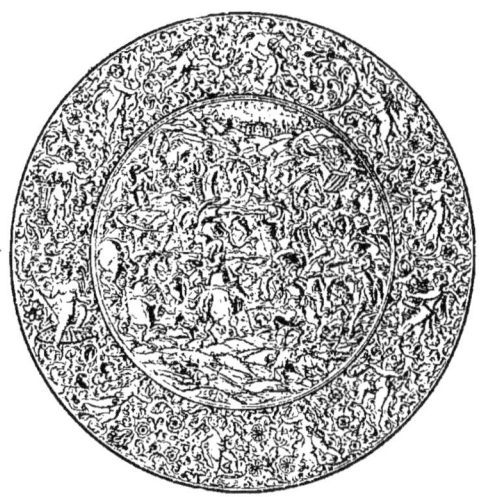

Fig. 70. — Plat à décor bleu, en faïence de Delft
(première période).

Jacoba Kanetjes[1], sur l'authenticité desquelles tous les doutes sont permis. De Haarlem cette industrie naissante fut transportée à Delft par Herman Pieterz, qui s'installa dans cette ville aux environs de 1580.

Les débuts d'Herman Pieterz sont demeurés obscurs. On sait seulement que son industrie fut prospère et qu'il s'enrichit. On n'est guère mieux renseigné sur la production de ses confrères de la première heure, qui paraissent,

1. Canettes de Jacqueline. Elles sont ainsi nommées à cause de Jacqueline de Bavière, dont elles seraient contemporaines.

du reste, n'avoir pas réussi aussi bien que lui à fixer la fortune. Quelques très rares pièces, un fragment de carrelage faisant allusion à la mort de Guillaume le Taciturne et à l'avènement du prince Maurice, un grand plat daté de 1634, une plaque décorée en camaïeu représentant une kermesse, avec le millésime 1640, telles sont les premières œuvres, un peu confuses, très chargées, uniformément monochromes, qui nous permettent de faire connaissance avec ces précurseurs, dont les descendants allaient acquérir une réputation si grande.

Aux environs de 1650, en effet, il se produit dans la fabrication une transformation considérable. Jusqu'à ce moment, sauf de très rares exceptions, les faïenciers avaient été de très modestes industriels, et leurs décorateurs d'assez médiocres artistes. Entre leurs mains l'industrie delftoise avait même failli péricliter. De 1651 à 1670 tout cela change. Plus de vingt maîtres créent des établissements nouveaux. Les ateliers se peuplent de tourneurs et de peintres habiles. A partir de ce moment la prospérité grandit; la faïence de Delft devient célèbre, et les commandes affluent avec une telle abondance, que Bleyswijck, le fidèle historien de Delft, peut écrire : « Quand les faïenciers commencèrent à fleurir, en peu de temps leurs produits furent si recherchés, si demandés, que bientôt les fabriques s'élevèrent au nombre de vingt-huit, ayant toutes d'importants débouchés et occupant un nombre considérable de bras, tant au dedans qu'au dehors[1]. »

Ajoutons que les intelligents industriels, les artistes distingués, les administrateurs expérimentés auxquels on dut cette renaissance, étaient, en grande partie, étrangers à la ville. Ni Aelbregt de Keizer, ni Abraham de Kooge, ni Frytom, ni Fictoors, ni Kleynoven, ni les Hoppestein, ni les Eenhoorn, ni les Pynackers, dont on recherche aujour-

1. *Beschryvinge der Stadt Delft, betreffende des selfs Situatie, Oorsprong en Ouderdom*, etc.

HISTOIRE

d'hui les ouvrages, et dont les signatures sont cotées si haut, n'étaient originaires de Delft. C'est à peine si l'on peut citer les de Milde, les Kam, les Brouwer et quelques autres comme descendant des vieilles familles delftoises.

Cette période, malgré cela, ou peut-être à cause de cela, est de beaucoup la plus remarquable. C'est le moment où l'on peint dans les ateliers de Delft ces belles plaques et

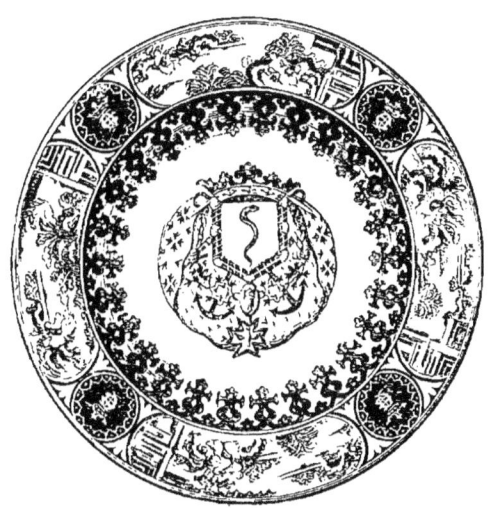

Fig. 71. — Grand plat décoré en camaïeu bleu, aux armes de Colbert. — Faïence de Delft (seconde période).

ces admirables assiettes dont le décor, toute proportion gardée, égale en finesse les tableaux des maîtres hollandais de cette grande et féconde époque. Bien loin de chercher à contrefaire la porcelaine, on accuse, au contraire, les qualités de la faïence; le biscuit reste épais; l'émail, grâce à un excès d'étain, prend, avec une belle teinte laiteuse, un aspect gras, onctueux, et sur cet excipient si propice, une peinture serrée dans ses contours, mais large dans ses ombres et fondue dans ses demi-teintes, toujours d'un dessin correct, étonnante comme justesse et comme puissance, exécute ces scènes, ces portraits, ces paysages, qui sont recherchés aujourd'hui à l'égal de précieux tableaux.

Même lorsque l'amour de la couleur force ces grands céramistes à recourir à la polychromie, même lorsque les exigences de la mode les obligent à se rapprocher des produits de la Chine et du Japon, dont les vaisseaux hollandais commençaient à inonder l'Europe, ils savent éviter les écueils d'une production hâtive et négligée. Leurs formes restent élégantes et pratiques. Leur palette, toute de grand feu, et singulièrement limitée par conséquent, sait tirer de ses moyens réduits des effets surprenants d'harmonie et de variété, grâce auxquels la faïence hollandaise put conquérir la place distinguée qu'elle occupe dans l'histoire de la Céramique.

Avec le xviiie siècle, l'industrie faïencière de Delft subit une nouvelle transformation, à tous égards moins heureuse. Le goût des Hollandais allant à la porcelaine pour les pièces de décoration et les services de luxe, l'exploitation des faïenceries devint plus commerciale. Dès lors les œuvres fortes font place à de jolis ouvrages. La clientèle s'étendant et devenant moins choisie, les yeux, plus indulgents sur les beautés de la forme, se montrent plus exigeants quant à la variété du décor. Les tons heurtés cessent de déplaire. On demande de la gaieté, c'est-à-dire du voyant, du pimpant, et les décors compliqués obtiennent une fâcheuse préférence. Il n'en faudrait pas conclure, toutefois, que la production devint, tout d'un coup, commune et vulgaire. Les ouvrages de cette seconde période feraient encore l'orgueil de maints autres centres de fabrication; mais, comparés aux belles œuvres de l'époque précédente, ils révèlent une indiscutable décadence.

Cette décadence se manifeste encore par l'adaptation de la céramique à une foule d'objets qui semblent sortir de son domaine. On fabrique en faïence des cages, des chauffe-pieds, des chauffe-mains en forme de livres de prières; on en fait des têtes à perruques, des pupitres à musique et

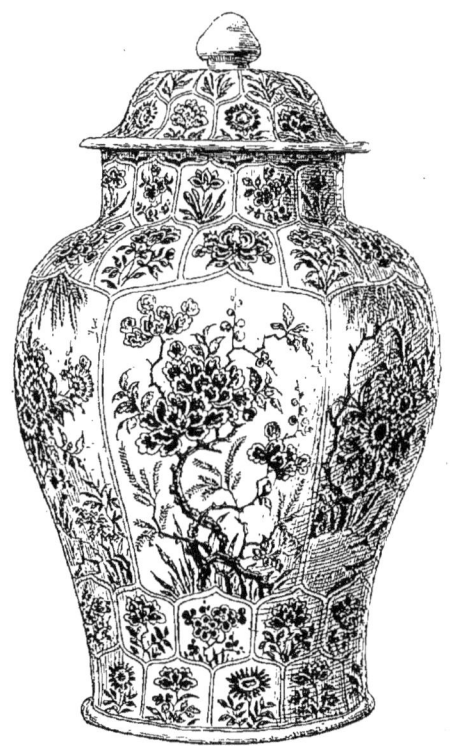

Fig. 72. — Grande potiche à décor polychrome.
Faïence de Delft.

jusqu'à des violons. Enfin c'est le temps où l'on voit les assiettes se couvrir de chansons à boire et de couplets grivois que les convives aimaient, à la fin des repas, à répéter en chœur.

En vain un artiste de talent, J. Verhagen (1725-1760), essaya-t-il de remonter le courant et de faire revenir le goût des décorations archaïques. Les beaux plats qu'on possède de lui, imités des eaux-fortes de Goltzius, quoique dignes de toute notre admiration, ne furent pas capables de triompher de la mode. Bientôt ce ne fut plus seulement la porcelaine de Chine et du Japon qu'on s'efforça de copier, mais aussi les porcelaines européennes. Dès lors les couleurs de grand feu firent place à la décoration au feu de moufle. La pâte resta belle, l'émail épais et brillant, mais la peinture, perdant toute originalité, ne donna plus, entre des mains inexpérimentées, que des résultats médiocres. Réduite à l'état de copie plus ou moins fidèle, parfois naïve, enfantine même, elle acheva de discréditer la profession.

Dès 1746, les plaintes commencent à se faire entendre. Bientôt les fabriques, qui avaient été au nombre de trente, se voyaient réduites à vingt. En 1764 elles n'étaient plus que quinze, et huit en 1794. Les manufactures qui s'abritaient sous les enseignes jadis célèbres de la *Hache*, de la *Bouteille de porcelaine*, du *Pot de fleurs*, de la *Griffe*, des *Trois Cloches*, de la *Tête de Maure*, du *Paon*, du *Cerf*, etc., avaient successivement éteint leurs fours, et les héritiers de ces faïenciers habiles qui avaient fait pénétrer leurs produits jusqu'en Amérique et dans les Indes, en étaient réduits à solliciter la protection des États Généraux contre l'importation étrangère[1].

Aux manufactures si florissantes de Delft, il convient de rattacher celles de Haarlem, d'Amsterdam et de Rotterdam, qui ne jetèrent guère d'éclat, et celle d'Arnhem, qui, bien que tard venue et de peu de durée, produisit quelques œuvres originales et charmantes.

C'est en 1755 que fut fondée la fabrique d'Arnhem par un bourgeois de la ville, nommé Johan Van Kerkoff[2]. Ses

---

1. Voir pour plus de détails notre *Histoire de la faïence de Delft*; Paris, E. Plon et Cⁱᵉ, 1878.
2. Voir dans la *Gazette des beaux-arts*, année 1879, t. II, p. 487, l'article où nous reconstituons l'histoire de cette fabrique.

produits, d'abord décorés en camaïeu, d'un bleu tendre, un peu passé, se recommandent par une pâte onctueuse. Ils sont recouverts d'un émail d'un beau blanc, gras d'aspect et malheureusement un peu mou. Plus tard, ces belles faïences furent peintes en polychromie au feu de moufle et

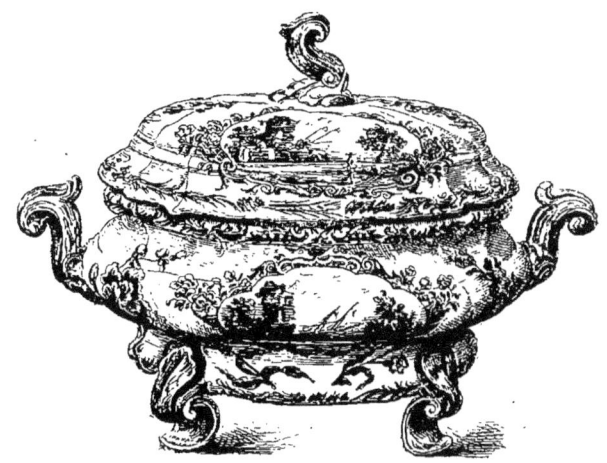

Fig. 73. — Soupière à décor polychrome et doré, fabriquée par Zacharie Dextra. — Delft (troisième période).

revêtues de dessins rappelant la porcelaine allemande. Tous ces ouvrages sont marqués d'un coq.

En 1772, cette manufacture avait éteint ses fours. Cette brusque disparition explique que ses produits soient demeurés d'une grande rareté, alors que le goût qui a présidé au choix des formes et à leur ornementation, explique et légitime le prix de plus en plus élevé que les collectionneurs attribuent aux trop rares produits de la faïencerie d'Arnhem.

VIII

ALLEMAGNE. — SUISSE. — BELGIQUE. — SUÈDE. DANEMARK. — ESPAGNE.

Nous avons dit, au chapitre précédent, que les plus anciennes céramiques qu'on rencontre en Hollande consistent en vases de grès désignés sous le nom de *Jacoba Kanetjes*. Encore n'est-il pas bien certain que ces poteries soient originaires des Pays-Bas, tandis que l'on est d'accord pour reconnaître qu'à partir du xve siècle cette fabrication prospéra en Allemagne.

Les grès allemands, très nombreux, d'une forme toujours curieuse et souvent artistique, ont été divisés, d'après leurs lieux de provenance et leur aspect, en quatre classes principales :

1° Les grès de Sigburg, près de Cologne, d'une pâte blanchâtre, de texture fine et serrée, tirant sur le gris et sans glaçure, généralement ornés, en fins bas-reliefs, de pieuses représentations empruntées aux saintes Écritures, ou d'étranges allégories et des armoiries de leurs propriétaires;

2° Les grès de Raeren, près d'Aix-la-Chapelle, d'une pâte légèrement jaunâtre, fine et dense, recouverte d'une glaçure foncée, ordinairement décorés de frises représentant des sujets bibliques ou des scènes profanes;

3° Les grès des environs de Coblence (fabriqués à Grenzhausen), à pâte bleuâtre, et dont la décoration incisée ou estampée en creux est relevée par l'application d'émaux colorés en bleu, en violet ou en brun;

4° Les grès bavarois provenant de Kreusen, à pâte très brune, peu serrée, recouverte d'une glaçure très foncée et décorés d'émaux polychromes appliqués après coup et incorporés à l'émail par un feu de moufle.

HISTOIRE 111

Ces derniers, de beaucoup les moins intéressants au point de vue de l'art, sont aussi les plus récents comme date de fabrication. Pour les autres, très recherchés au xve et au xvie siècle, ils commencèrent à perdre au xviie de leur valeur artistique, et finirent, au xviiie, par abdiquer toute beauté de forme et toute élégance de décor.

En dehors de ces poteries absolument spéciales, et pour la production desquelles l'Allemagne n'eut à redouter aucune concurrence sérieuse, on ne peut guère porter à l'actif de ce pays, pendant tout le xvie siècle, que la fabrication de ces poêles monumentaux dont, encore aujourd'hui, sont ornées la plupart des habitations de la Prusse Rhénane, de l'Alsace et de la Suisse. Ces appareils, sur les larges parois desquels se trouvent racontés, en une suite de carreaux ornés de bas-reliefs artistement traités, les principaux épisodes de l'Ancien et du Nouveau Testament, sont généralement exécutés en une pâte très plastique, vernissée en rouge brun ou en vert foncé. On attribue la paternité des plus anciens, qui sont en même temps les plus remarquables, à Weit Hirschvogel (1441-1525) et à ses descendants.

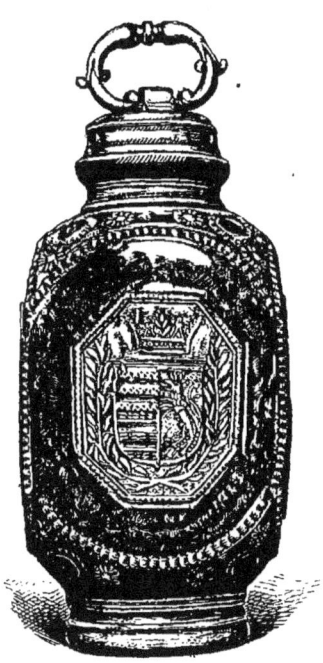

Fig. 74. — Vase en grès d'Allemagne.
(MUSÉE DE CLUNY.)

Plus tard, à cette poterie monochrome si caractéristique, les céramistes de Nuremberg, qui succédèrent à la tribu de Hirschvogel, substituèrent des faïences polychromées.

Quant à la céramique de service, elle fut le plus ordinairement ornée par eux de figures allégoriques, traitées en camaïeu bleu, et dessinées avec une habileté et un talent remarquables.

Plusieurs centres de production situés en Bavière, Anspach, Baireuth, Kunersberg, se sont également signalés par des productions recommandables, imitées de Rouen, en même temps qu'auprès de Mayence, à Hœchst, sur le Mein, on a fabriqué des faïences inspirées par les modèles de porcelaine.

Si elle n'avait à son actif un certain nombre de poêles copiés sur ceux de Nuremberg, mais décorés de paysages en camaïeu ou de fleurs polychromées, et fabriqués à Berne au xviiie siècle, par E. J. Frutting, la Suisse ne mériterait guère d'être citée. En fait de céramique de service, elle n'a produit, en effet, qu'une certaine quantité de plats vernissés et grossièrement décorés au moyen de barbotines colorées et formant relief. Ce qui distingue surtout ces poteries, c'est le caractère archaïque prononcé qu'elles ont su conserver, en dépit de leur fabrication relativement fort récente.

La Belgique, que son voisinage de la Hollande et son esprit foncièrement imitateur auraient dû disposer à une production céramique importante, en fut, au contraire, détournée par l'abondance des faïences delftoises qui, importées par la Meuse et l'Escaut, rendaient toute concurrence impossible. On croit cependant savoir qu'une manufacture fut fondée, au xvie siècle, à Anvers, par l'Italien Guido di Savino; mais cette tentative ne paraît pas avoir eu de suites sérieuses, et il faut attendre la fin du xviie siècle pour rencontrer à Bruxelles un atelier dirigé d'abord par Corneille Mombaerts, plus tard par ses fils, et dont les produits se recommandent par une originalité de bon aloi.

C'est de cette fabrique que sont sortis la plupart de ces vases étranges, soupières et terrines en forme de choux, de canards, de dindons, de coqs, de poules, etc., qu'on retrouve dans les collections spéciales, où elles donnent une note gaie en même temps que fort décorative. D'autres ateliers fonctionnèrent à Bruges, Namur, Liège, etc., mais leurs ouvrages, contrefaçon de l'étranger, se confondent avec ceux de la Hollande et de la France.

Ce n'est pas non plus par une bien grande originalité que se distinguent les produits des autres pays dont les noms figurent en tête de ce chapitre. Les deux fabriques

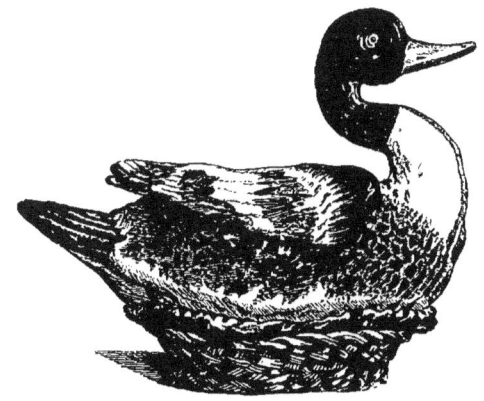

Fig. 75. — Soupière en forme de canard. — Faïence de Bruxelles.

suédoises de Rörstrand et de Marieberg sont de ce nombre. La première, dirigée par Conrad Hünger (1726-1780), qui avait été employé comme décorateur à la fabrique de Meissen, donna tous ses soins à l'imitation de la porcelaine de Saxe. La seconde (1758-1782), après s'être inspirée des produits français, appliqua avec beaucoup d'habileté les procédés d'impression usités en Angleterre.

En Danemark nous n'avons guère à mentionner que la manufacture de Kiel, dont certains services, conçus dans le genre rocaille, sont décorés de fleurs isolées ou de bouquets polychromes parfois rehaussés d'or. Quant à l'Espagne, si, grâce à ses belles poteries hispano-moresques, elle tient, pendant le Moyen Age, une place glorieuse dans l'histoire de la Céramique, elle nous apparaît, au XVII° et au XVIII° siècle, bien déchue de sa splendeur passée.

En dehors de la fabrique d'Alcora, près de Valence, où des ouvriers appelés de Moustiers vinrent, sous la direction d'un nommé Olery, confectionner et décorer, non sans beaucoup de goût, des faïences qui se ressentirent toujours de leur origine, nous ne voyons guère à citer que les produits de Talavera-della-Reina, si bien imités des ouvrages de Savone, qu'on les a longtemps confondus avec eux.

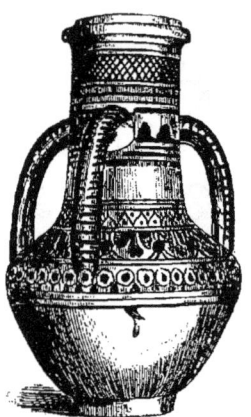

Fig. 76. — Alcarazas. — Fabrication espagnole.

IX

LA PORCELAINE

LA CHINE ET LE JAPON

Le lecteur aura été frappé, sans doute, de la surprenante concordance avec laquelle nous venons de voir la décadence s'accentuer en Europe, dans les différents centres faïenciers. A partir de la seconde moitié du XVIIIe siècle, tous les ateliers commencent à péricliter; et si quelques-uns parviennent à traverser la grande crise révolutionnaire, et à se perpétuer jusqu'en notre siècle, c'est qu'ils abdiquent toute prétention artistique dans leurs ouvrages, et se bornent à fabriquer de la faïence ordinaire et courante. S'ils continuent de végéter, c'est que leurs produits répondent à un besoin impérieux, à une sorte de nécessité ménagère.

On peut juger aisément que cet écroulement, cet anéantissement de tant de foyers de production, intéressants à des titres divers, ne furent pas sans cause. Cette cause déterminante, on la découvre, sans trop chercher, dans la faveur générale, dans l'engouement témoigné dès le XVIIe siècle pour la porcelaine, importée d'abord à grands frais d'extrême Orient, fabriquée ensuite en Europe, et dont la pâte fine, délicate, translucide, fut jugée tellement supérieure à celle de la faïence, que cette dernière cessa d'être considérée par les amateurs comme un produit présentant vraiment une valeur artistique.

La très haute antiquité à laquelle remonte la civilisation chinoise; la politesse, le respect du rang et de l'âge, pratiqués dès l'origine chez ce peuple si policé; les devoirs d'une hospitalité raffinée qui transforme chaque visiteur en convive, donnèrent naissance, dans le Céleste Empire, à une infinie variété de vases, et fournirent aux artistes et aux artisans, dès le principe, l'occasion de persévérantes recherches pour gratifier cette vaisselle des formes les plus délicates et du décor le plus brillant.

C'est de ces recherches incessantes que sont nées, sans doute, la découverte de la porcelaine et ses merveilleuses applications. Cette découverte, quoique fort ancienne, — on la fait remonter à près de 2700 ans avant notre ère, — fut, vraisemblablement, précédée de nombreux tâtonnements. On n'arriva certes pas du premier coup à ce produit incomparable. Aussi a-t-on supposé que la fabrication des poteries translucides avait succédé, dans le Céleste Empire, à une longue production de poteries opaques. L'existence présumée de ces *produits ambigus,* comme on les a appelés [1], paraît, somme toute, des plus plausibles. Mais on comprend combien les restitutions historiques, tentées à pareille distance sur un aussi fragile sujet, sont chimériques, et combien la vérité est difficile à faire jaillir d'affirmations souvent contradictoires et sans fondement précis.

Dégagée de ses prolégomènes, l'histoire même de la céramique chinoise reste fort obscure. Soit qu'on fasse remonter ses débuts au règne du souverain légendaire Hoang-ti (2698 ans avant J.-C.); soit qu'on admette que l'empereur Yu-ti-Shun (2255 ans avant J.-C.), ayant été potier dans sa jeunesse, ait donné à l'industrie qu'il avait exercée un développement exceptionnel; soit enfin qu'on aime mieux s'en référer aux chronologies qui placent la première fabrication de la porcelaine proprement dite sous la dynastie des Han (de 200 ans avant J.-C. jusqu'à l'an 86 de notre ère), celle-ci précède d'une telle distance tout ce qui a été fait en ce genre dans le reste du monde, qu'on ne saurait refuser aux Chinois le rôle d'initiateurs et la qualité de maîtres en cet art.

---

1. A. Jacquemart, *Histoire de la céramique,* p. 58.

HISTOIRE 117

Il est à croire que, dès le principe, ces habiles céramistes cherchèrent à faire rivaliser leurs pâtes et leurs enduits vitrifiables avec les substances les plus précieuses. De là ce soin si particulier apporté par eux dans le choix et dans la préparation des matières premières, et ces merveilleuses

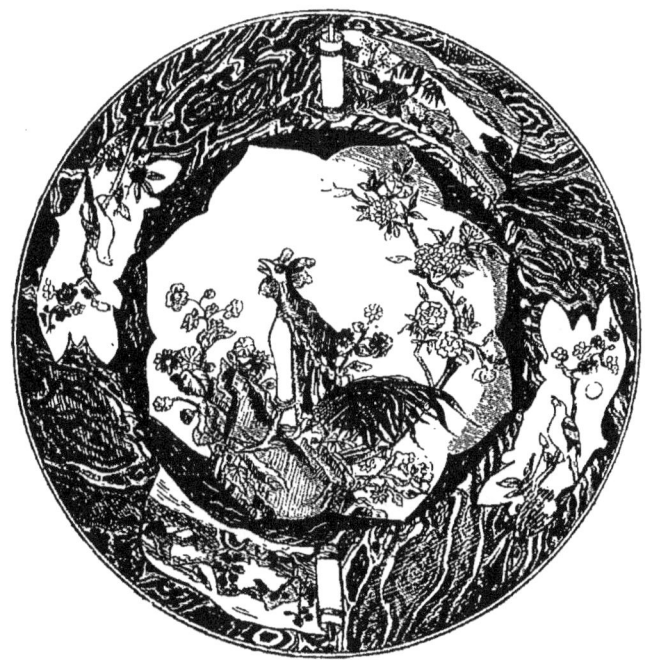

Fig. 77. — Grand plat à décor polychrome. — Porcelaine de Chine.

façons grâce auxquelles ils surent, presque de suite, relever par un admirable décor la beauté d'une substance incomparable comme finesse et comme éclat.

Est-il permis de tracer, même sommairement, une histoire à peu près raisonnée de ces superbes poteries? Jusqu'à présent tous les essais pour le faire ont été plus ou moins infructueux. Et, en effet, sur quoi pourrait-on baser une tentative de chronologie indiscutable? Sur les documents céramiques parvenus jusqu'à nous? Mais, outre que leur succession n'est rien moins que sérieusement établie, ne sait-on pas que les Chinois eux-mêmes ont, de tout temps, fait preuve d'incroyables aptitudes dans la contrefaçon des pièces prétendues anciennes, et se sont révélés comme les faussaires les plus adroits qu'on ait jamais connus?

Doit-on s'en rapporter à des textes plus précis? Mais, d'une part, il ne paraît pas que les habitants du Céleste Empire aient jamais possédé de ces documents d'archives, dont le dépouillement jette un jour si précieux sur nos industries d'art, et, d'autre part, les ouvrages un peu anciens écrits sur la matière, aussi bien le livre que Stanislas Julien[1] prétend avoir traduit du chinois, que les lettres du P. d'Entrecolles[2], manquent quelque peu de critique ou de compétence et fourmillent d'erreurs reconnues.

On comprend dès lors que les classifications auxquelles on a pu se livrer, sont toutes plus ou moins hypothétiques, et que les divisions en *famille verte,* en *famille rose,* en *famille chrysantémo-pœonienne,* etc., si elles paraissent ingénieuses, n'ont, au point de vue de l'histoire, qu'une valeur arbitraire. Aussi, comme conclusion, après avoir constaté l'étonnante importance de la production céramique chinoise au XVIIe et au XVIIIe siècle[3], nous bornerons-nous à passer en revue les principaux ouvrages qui nous sont connus de

---

1. *Histoire et fabrication de la porcelaine chinoise,* par Stanislas Julien, avec notes et additions de Salvetat; Paris, 1856.
2. *Lettres du P. François-Xavier d'Entrecolles,* publiées dans les *Lettres édifiantes et curieuses écrites des Missions étrangères* (1810-1811).
3. Le P. d'Entrecolles, dans une de ses lettres, cite la ville de King-te-tchin qui, en 1717, comptait trois mille fours de potiers dans son enceinte. Après avoir parlé de la fréquence des incendies occasionnés par ce nombre considérable de foyers, notre missionnaire ajoute : « A l'entrée de la nuit, on croit voir une vaste ville tout en feu, ou bien une immense fournaise qui a de nombreux soupiraux. »

cette fabrication sans rivale, et à en dégager la nature et le caractère.

Dès le principe, il importe de constater la beauté, la finesse, la pureté et la plasticité des pâtes chinoises, et de remarquer qu'elles sont obtenues avec les mêmes matières dont sont formées les pâtes et les couvertes de la porcelaine

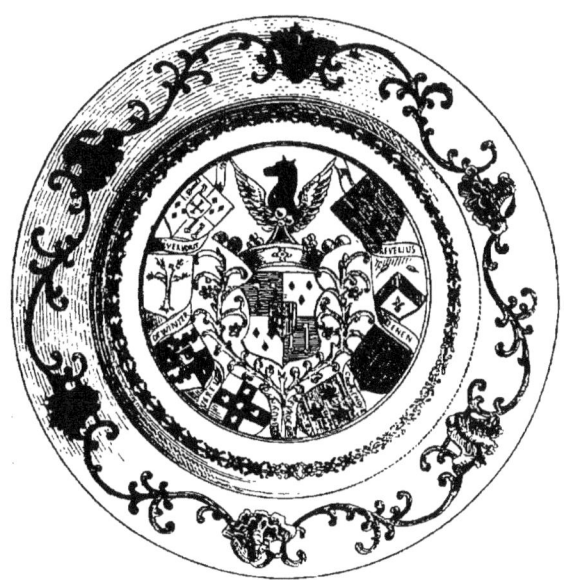

Fig. 78. — Assiette décorée d'armoiries polychromes.
Chine de commande.

dure européenne, mais avec des dosages légèrement différents.

Sur cette matière admirable, les Chinois ont su appliquer des décorations supérieurement appropriées. Même lorsqu'ils se bornent à recouvrir leurs pièces de cet émail blanc qui a valu à certains de leurs produits le nom de *blanc de la Chine,* et qui, au premier abord, ne semble avoir rien de séduisant, ils parviennent à donner à cette nuance antidécorative un ton si délicat, et qui rappelle si bien celui de l'ivoire ou de la cire, que la pièce devient agréable et charmante à l'œil. Sans compter qu'ils savent, au besoin, varier l'aspect de ces parois — parfois si délicates et si menues qu'elles semblent devoir éclater au moindre contact — par l'adjonction d'amusants reliefs ou par l'impression en creux de motifs empruntés à la flore locale, traités avec une simplification extrêmement savante et un charme inouï.

S'ils excellent dans la décoration en blanc, à plus forte raison les Chinois ont-ils de tout temps excellé dans le choix et l'emploi des couvertes colorées. Soit qu'ils habillent leurs vases de ce vert d'eau si doux à l'œil, auquel nos ancêtres donnèrent le nom singulier de *céladon ;* soit qu'ils choisissent pour couleur de fond des teintes plus héroïques, telles que le *jaune impérial,* ou les beaux rouges de cuivre qu'on désigne sous le nom peu poétique de *haricot,* leur émail sait donner à ces puissantes colorations de chauds reflets, un éclat superbe et une délicate harmonie. Enfin, dernier tour de force, après avoir obtenu, d'abord accidentellement, si nous en croyons le P. d'Entrecolles[1], ces porcelaines dont les couleurs jaspées imitent l'agate et que nous appelons *flammés* ou *flambés,* ils les produisirent par la suite commercialement, tirant ainsi parti de ce qui, dans le principe, n'était qu'une imperfection ou une faute.

Ce fait n'est pas unique, au surplus, dans l'histoire de la céramique chinoise. Les flambés ne constituent pas la seule malfaçon dont ces artisans émérites aient, au point de vue décoratif, fait un lucratif usage. Nous avons expliqué dans notre premier volume en quoi consiste la *tressaillure*[2]. C'est en étudiant avec soin les combinaisons de pâtes et d'émail, et le fendillage que peut produire une faculté diffé-

---

1. Dans une lettre du 25 janvier 1722, le P. d'Entrecolles parle de vases en porcelaine dite de *transmutation*, qui présentent tous les caractères des flambés et qui lui furent présentés comme le résultat d'accidents qui ne diminuaient du reste en rien leur valeur.

2. Voir page 47.

rente de dilatation, que les céramistes chinois arrivèrent à fabriquer, d'une façon courante, ces *craquelés* et ces *truités* qui, dès leur apparition, furent si appréciés des amateurs d'Asie aussi bien que d'Europe.

Mais les Chinois n'excellèrent pas seulement dans l'art de couvrir leurs beaux vases de fonds pâles ou magnifiques, éclatants ou d'une infinie douceur. Ils surent aussi créer un genre spécial de décor et l'approprier à la céramique avec un tact, une habileté, un sentiment des convenances artistiques vraiment extraordinaires.

Grâce à la religion de Boudha et à celle de Confucius qui se partageaient leur Empire, ils eurent à leur disposition un double panthéon de dieux auxquels ils ajoutèrent quelques divinités familiales ou corporatives, comme *Pou-sa*, le dieu du contentement, et *Pou-tai*, le dieu de la porcelaine. Grâce à une ménagerie emblématique qu'ils surent créer de toutes pièces, et dans laquelle figurent en première ligne le dragon impérial; un autre dragon nommé *Khi-lin*, monstre de bon augure, moins

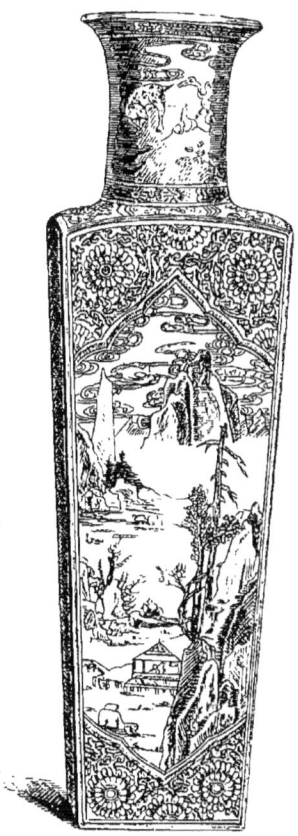

Fig. 79. — Grand vase décoré de paysages polychromes. — Porcelaine de Chine.

fier, mais non moins écaillé; le chien de *Fo;* le cheval sacré auquel Fou-li dut de pouvoir combiner les caractères de l'écriture; le *Fong-hoang*, oiseau immortel et singulier qui niche au plus haut des airs; grâce enfin à la merveilleuse habileté qu'ils surent déployer dans l'interprétation de leur flore si riche et si variée, les porcelaines blanches à décor bleu, qu'ils fabriquèrent par quantités énormes, et dont, au xviie et au xviiie siècle, ils inondèrent l'Europe, gardèrent toujours une originalité exceptionnelle, que les Hollandais, ces contrefacteurs éminents, ne purent jamais égaler.

Le parti pris de ne respecter, en outre, ni la vraisemblance ni la perspective, de ne donner à leurs figures ni reliefs ni modelé, de disposer leurs scènes de telle façon que le rêve paraisse avoir présidé à leur invention bien plus que la réalité, leur permet de conserver dans le décor de leurs vases une liberté incomparable et un charme particulier. Partout, en ces paysages incohérents, en ces bouquets qui semblent cueillis dans le jardin de l'imagination pure, on retrouve ce même dédain de l'exactitude et ces mêmes interprétations fantaisistes de la nature. « Cartouches et médaillons réguliers, savamment espacés sur des fonds arabesques; draperies pendantes, soulevant leurs plis en tuyaux d'orgues, pour laisser apercevoir un semé de rinceaux en bleu sous couverte; bandes irrégulières s'entrecroisant, se cachant à demi, comme si le peintre avait jeté au hasard les croquis de son portefeuille sur la panse des vases; bordures richement brodées de fleurs et d'or; mosaïques aux patients détails, imbrications, postes, rinceaux, grecques, tous les styles, toutes les combinaisons, voilà ce que les curieux peuvent trouver sur ces porcelaines[1]. »

Ajoutons que dans certaines de ces œuvres, où l'imitation de la nature reçoit de tels accrocs, où les styles se confondent à plaisir, il faut faire une part assez large à l'élément occidental. « Les mandarins, qui savent quel est le génie des Européens en fait d'invention, écrit le P. d'Entrecolles, m'ont quelquefois prié de faire venir d'Europe des dessins nouveaux et curieux, afin de présenter à l'empereur quel-

---

1. A. Jacquemart, *Histoire de la céramique*, p. 71.

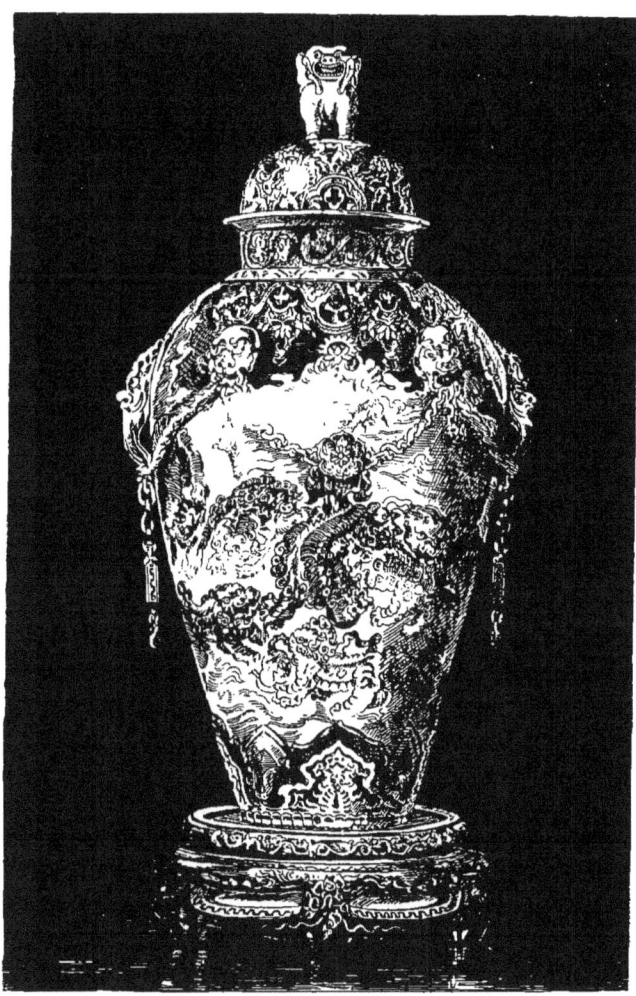

Fig. 80. — Porcelaine du Japon. — Fabrique de Ko-ran-shan, à Arita.

que chose de singulier. » On peut croire que le hardi missionnaire ne fut pas seul chargé de commissions semblables. Nous avons retrouvé dans les archives de la Haye, non seulement des commandes détaillées, mais encore des modèles de forme et de décor, expédiés par les importateurs hollandais à leurs agents et à leurs correspondants de Batavia, par où se faisait alors tout le commerce du Japon et de la Chine.

Il existe même, chez les collectionneurs, toute une série de pièces céramiques, connues sous le nom de *Chine de commande* et décorées de scènes, d'armoiries, où la copie, quoique maladroite, ne laisse pas que d'être flagrante. Dans un nombre infini d'autres, l'inspiration européenne est assez déguisée pour échapper à des yeux incompétents, mais ne saurait tromper un connaisseur. Négociants d'une habileté sans seconde, nullement fanatiques en fait d'art, les Chinois, dès le commencement du xive siècle, avaient établi, à proximité de leurs ports de mer, des manufactures dont la fabrication était essentiellement commerciale et destinée exclusivement à l'exportation.

Décrivant un de ces ateliers de décoration, le P. d'Entrecolles s'exprime en ces termes : « L'un a soin uniquement de former le premier cercle coloré qu'on voit près des bords de la porcelaine ; l'autre trace des fleurs que peint un troisième ; celui-ci est pour les eaux et les montagnes, celui-là pour les oiseaux et autres animaux. » Et ce sont ces vases, exécutés non par des artistes de mérite, mais par de simples manœuvres, — par conséquent d'après les lois que nous croyons toutes modernes de la division du travail, — qui ont séduit et séduisent encore nos amateurs.

Malheureusement, avec de pareils procédés, quelle que soit l'habileté des artisans, tout individualisme se perd et finit par disparaître. Il n'y a plus d'art, au vrai sens du mot, il n'y a que des méthodes. Une suite de générations peut travailler sur un patron séculaire, l'atelier reste immobilisé dans sa routine, et son travail « n'est plus qu'un poncif plus ou moins défiguré suivant qu'il est tombé entre des mains plus ou moins habiles ».

La connaissance de ces procédés expéditifs fait mieux comprendre comment, pour leurs modèles nouveaux, les Chinois durent avoir recours à l'inspiration étrangère ; ils expliquent aussi la décadence singulière dans laquelle leurs produits ont fini par tomber.

Le JAPON, au point de vue commercial, n'a rien eu à envier à la Chine. Nous savons par un livre curieux, les *Ambassades mémorables,* que l'un des décors qui, au XVIIIe siècle, eurent le plus de vogue non seulement en Europe, mais au Japon même, fut créé par le sieur Wagenaer, chargé d'affaires de Hollande. Avant cette époque, à l'instar de ce qui s'était fait dans le Céleste Empire,

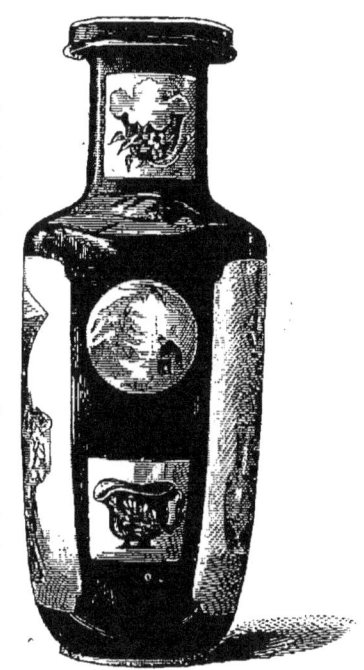

Fig. 81. — Vase polychrome à cartouches. Porcelaine du Japon.

des ateliers travaillaient déjà spécialement et uniquement pour Decima, le grand entrepôt des Hollandais, et par conséquent pour l'Europe, où les négociants des Provinces-Unies importaient à pleins navires ces céramiques si appréciées.

Il résulte de cette colossale importation que l'Europe ne connut, pendant longtemps, en fait de poteries japonaises, que des articles exclusivement fabriqués pour elle, c'est-à-dire des porcelaines assez fidèlement copiées sur celles de Chine, alors que les produits kaoliniques, pour peu qu'on les compare aux faïences et aux grès, ne tiennent dans la fabrication nationale du Japon qu'une place secondaire. Si les Chinois, en effet, sont, comme le dit fort bien M. Gonse[1], les *porcelainiers* par excellence, les maîtres incontestés du kaolin, les Japonais, de leur côté, sont des potiers sans rivaux.

La confusion naturelle qui résulta de cette méconnaissance de la Céramique du Nippon et de ses caractères particuliers n'a pas laissé que de rendre les classements très difficiles, et d'obscurcir singulièrement l'histoire de cette belle fabrication. Les plus importantes collections publiques qui soient en Europe, celles notamment de Leyde, de la Haye, de Dresde, regorgent de pièces de la province de Hizen, pièces spécialement manufacturées en vue de l'exportation, et ne comptent que quelques rares échantillons sortis des ateliers de Kioto, de Koritani, de Bizen, de Satsouma, d'Owari, c'est-à-dire provenant des centres qui travaillaient pour le Japon même.

Il ne fallait rien moins que l'ouverture de cette curieuse région aux nations occidentales, et la grande révolution politique qui força la noblesse du pays à réaliser ses admirables collections, pour faire pénétrer chez nous des spécimens de ce qu'on peut réellement appeler la céramique japonaise, et pour jeter sur l'histoire de cet art si remarquable quelques lueurs permettant d'en distinguer les grands traits.

Le principal centre de la fabrication de porcelaine au Japon s'élève aux environs de la montagne Karatzou. Fertile en gisements de kaolin, cette montagne, située dans la province de Hizen, donna même son nom aux poteries translucides de la contrée. C'est à un potier nommé Gorodayou

---

1. *L'Art japonais*, p. 270.

HISTOIRE 127

Shonsoui qu'on attribue l'honneur d'avoir introduit au Japon les principes et les méthodes employés en Chine pour la production de la porcelaine. Il fonda, dit-on, une manufacture en un village appelé Arita, et ne fabriqua, selon toute vraisemblance, que des ouvrages secondaires imités

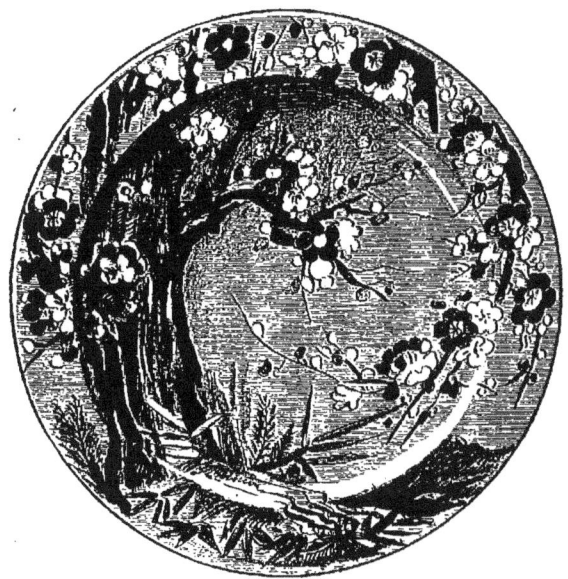

Fig. 82. — Plat à décor polychrome. — Porcelaine du Japon.

des beaux plats blancs et bleus du Céleste Empire. Ceci se passait aux environs de 1520.

Gorodayou laissa deux élèves, Goroshitshi et Gorohatsi, qui réalisèrent dans la fabrication des améliorations nombreuses; mais celle-ci ne parvint à son point de perfection que lorsque Kakiyemon eut appliqué, au milieu du xviie siècle, l'art de décorer de couleurs vitrifiables les pièces de porcelaine et de les dorer. Le centre de la fabrication alors se déplaça. Il fut transporté à Imari, et les belles pièces confectionnées dans cette ville purent bientôt lutter avec leurs analogues de production chinoise. Ce sont ces porcelaines que les Hollandais se chargèrent d'importer en Europe par quantités invraisemblables. Ils en remplirent des vaisseaux entiers, et cette exportation devint, pour le prince de Hizen, une source de richesses invraisemblables.

Cette prospérité ne fut pas sans exciter l'émulation des autres princes et des autres provinces. Au xviie et au xviiie siècle, plusieurs centres de production furent constitués. A Koutani, à Kioto, à Hirato, à Okavadji, des porcelaines estimées virent le jour. Divers ateliers firent même preuve d'une perfection technique plus raffinée et d'un goût supérieur dans le choix des formes et dans l'application du décor. Mais c'est seulement dans la province de Hizen, que la fabrication reçut tout son développement. Et les seules manufactures qui puissent, comme importance, provoquer une comparaison sont celles de Koutani, dont le caractère typique et bien connu réside dans le rapprochement de trois tons, le vert, le jaune et le violet, empruntant à l'admirable transparence de leur couverte, un éclat qui peut lutter avec les plus brillants émaux chinois.

Mais avant de s'adonner à la fabrication des pâtes kaoliniques et à l'exportation en grand de la porcelaine, les Japonais possédaient, depuis des milliers d'années, une poterie nationale chargée de satisfaire à leurs besoins de ménage. Les historiens, s'appuyant sur l'étymologie du substantif *setomono*[1], qui sert à désigner d'une façon générale toutes sortes de poteries, s'accordent pour placer les premiers ateliers à Seto. Jusqu'au xviie siècle de notre ère, la production de ce centre primordial paraît, toutefois, avoir été de qualité assez ordinaire, et il faut arriver à l'intervention féconde de Niuseï, « artiste de génie qui fut le véritable créateur de la céramique nationale », pour que celle-ci prît son complet essor.

---

1. Littéralement, objet, produit de Seto.

Ce fut Ninseï qui, amalgamant les traditions chinoises et coréennes aux aptitudes si personnelles des Japonais, fit jaillir de ce singulier mélange l'art définitif de ce curieux pays. Non seulement Ninseï s'appliqua à perfectionner les procédés techniques, mais, grâce à son esprit logique et inventif, il émancipa ses compatriotes de toute copie chinoise, et sut formuler les lois décoratives qui allaient désormais régler la production céramique du Nippon.

Si nous en croyons les historiens de l'art japonais, l'enseignement de Ninseï fut fécond. Parmi ses élèves on cite Kinkozan et Ogata Kenzan, qui achevèrent d'amener la poterie nationale à son point de perfection. Toutefois, bien des obscurités enveloppent encore l'histoire des divers ateliers qui se fondèrent sous leur influence, soit à Kioto, soit à Imado; et le but de ce livre n'est pas de faire la lumière sur des opinions où l'hypothèse tient une place dominante.

Nous ne terminerons pas, cependant, sans dire un mot des étranges et charmantes faïences connues en Europe sous le nom de Satsouma, et des grès de Bizen. Ces deux productions justement célèbres montrent qu'aucun genre de céramique ne fut étranger aux potiers japonais, et qu'ils ont excellé dans tous ceux qu'ils ont pratiqués.

On prétend que la poterie si artistique de Satsouma doit son origine au soin que prit, en 1598, le prince Shimadzou-Yoshihissa de ramener de Corée, où il était allé en expédition, dix-sept familles de potiers qu'il installa à Naeshirogava, dans une de ses propriétés.

Longtemps ces braves artisans continuèrent à fabriquer, d'après les types de leur pays, des ouvrages assez rudimentaires; mais à la fin du xviie siècle leur production se transforma et revêtit, avec de belles teintes ivoirines, si douces à l'œil, cet émail doucement craquelé qui achève de donner à cette charmante poterie son véritable caractère.

Quant aux grès de Bizen, dont l'origine purement japonaise paraît remonter à une haute antiquité, s'ils ne se

9

rattachent à aucune des catégories que nous venons de décrire, ils n'en sont pas moins fort remarquables et très appréciés. Ces pièces, cuites à une température très élevée, sont recouvertes par une glaçure alcalo-saline qui ajoute à l'éclat de leur pâte, d'un beau brun tirant sur le rouge. Ce sont généralement des animaux ou des personnages que représentent ces grès, et les Japonais savent déployer là encore toute leur vaillance d'originalité, et cet esprit si particulier qui communique à la plupart de leurs ouvrages un charme intraduisible.

Telle est, résumée en quelques mots, l'histoire de ces deux grands centres de production qui initièrent l'Europe, et l'on peut dire le Monde, au culte de la porcelaine. Il nous reste à voir maintenant ce que cette initiation a produit.

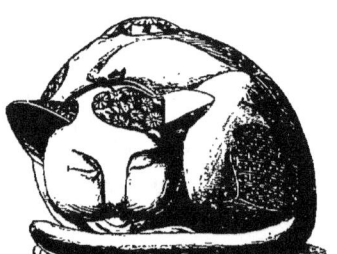

Fig. 83. — Petit chat à décor polychrome.
Faïence de Satsouma.

X

LA PORCELAINE EN EUROPE. — LES PATES TENDRES

A quelle époque faut-il faire remonter l'introduction en Europe des premiers échantillons de porcelaine chinoise? On l'ignore, et vraisemblablement la lumière, sur ce point, restera encore longtemps à faire. On a prétendu que les vases murrhins, si recherchés à Rome au temps des premiers empereurs et si chèrement payés[1], provenaient de l'extrême Orient et pouvaient bien être de la porcelaine. Mais aucune certitude n'existe à cet égard; et bien que les présomptions sur lesquelles repose cette opinion datent de trois siècles, la question est loin d'avoir été tranchée victorieusement.

C'est Jérôme Cardan qui, le premier, en 1550, dans son ouvrage intitulé *de Subtilitate*[2], essaya cette assimilation. Après avoir rappelé tout ce que Pline dit des « poteries myrrhines » : « Qui ne voit donc, écrit notre auteur, ces pots estre ceux qu'on appelle aujourd'huy procellanæ ? » Plus récemment, M. de Laborde, dans son savant *Glossaire*[3], s'est rallié à cette opinion, qui a été combattue par M. Vogt[4]. Les principaux arguments produits par ce dernier, reposent sur certaines différences qu'il relève entre la description détaillée que Pline donne des vases murrhins et les types de porcelaine chinoise que nous possédons, et sur cette cons-

---

1. Pline rapporte que certains de ces vases furent vendus jusqu'à un million et demi de notre monnaie. (Voir t. 1ᵉʳ, p. 9.)
2. Publié en France sous le titre : *les Livres de Hiérome Cardanus, médecin milannois, intitulez de la Subtilité et subtiles inventions... traduis du latin en françoys par Richard Le Blanc*; Paris, 1566 (p. 125 ᵃ).
3. *Glossaire français du Moyen Age*, par Léon de Laborde, à l'article PORCELAINE.
4. *La Porcelaine*, par Georges Vogt, p. 8 et suiv.

tatation « qu'aucune fouille en Italie n'a encore mis au jour le moindre fragment de porcelaine ». Cette prétention, si elle était admise, équivaudrait à affirmer que seuls les peuples ont battu monnaie dont nos médailliers contiennent des souvenirs métalliques. Étant donné que les vases murrhins constituèrent toujours des joyaux d'une extrême rareté, il n'est pas surprenant qu'on n'en ait point trouvé de traces dans les fouilles exécutées depuis un siècle. Quant à l'objection tirée des différences d'aspect et de fabrication, Cardan s'était chargé d'y répondre. Après avoir réédité les fables en cours de son temps sur la fabrication de la porcelaine : « Les nostres, écrit-il, sont plus palles et n'ont odeur, et ceux qui transluisent le plus sont le plus approuvéz et plaisent ornéz de feuillage et d'images... ils semblent être différents de l'antique myrrhine. Mais la variété des tems et des artisans et aussy l'usage ont faict cecy. » On ne peut demander, en effet, à une fabrication de fournir, à vingt siècles de distance, des produits identiques.

Si l'on n'est pas d'accord sur l'importation des porcelaines chinoises à Rome, on n'est guère mieux renseigné sur ce qui concerne le Moyen Age. Un texte cité plus haut [1] dénonce la présence au Caire, dès le XIIe siècle, de poteries translucides. Les inventaires de nos princes et de nos rois, à partir du XIIIe siècle, décrivent un nombre assez considérable d'objets exécutés en porcelaine. Mais cette porcelaine, le plus souvent, n'était que de la nacre, et il est assez difficile d'établir le *départ* de cette appellation de porcelaine, appliquée au genre spécial de céramique à pâte dure et translucide dont nous nous occupons [2].

En France, dans l'*Inventaire de la reine Jehanne d'Évreux* (1372) nous voyons figurer « ung pot à eaue de pierre de

---

1. Voir p. 9.
2. Voir *Dictionnaire de l'ameublement et de la décoration*, t. IV, à l'art. PORCELAINE.

pourcelaine à ung couvercle d'argent » et « un pot à vin de pierre de pourcelaine plus blanche » qui paraissent n'être point faits en nacre. Un siècle plus tard, au château de Chanzé, résidence favorite du roi René, nous constatons la présence de plusieurs « plaz de pourcelaine et autres choses de verre » qui semblent rentrer dans la catégorie des pièces céramiques. Mais c'est seulement à partir de la seconde moitié du xv⁰ siècle que la porcelaine orientale, importée

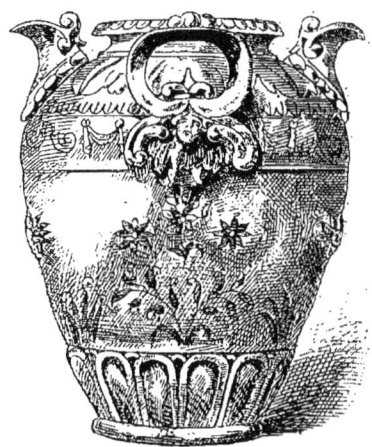

Fig. 84. — Vase de porcelaine dite des Médicis.

par les Portugais, apparaît en nombre dans les mobiliers européens.

Les *Inventaires* d'Isabelle la Catholique, de Marguerite d'Autriche, de Charles-Quint, de Philippe II, de Don Carlos, mentionnent des parties importantes de porcelaine[1]. En France, le P. Daniel écrit qu'à Fontainebleau on voyait de son temps des « vases et vaisselles de porcelaine et de cristal fort curieusement travaillés », réunis par François I⁰ʳ « avec une infinité de petites gentillesses » des Indes, de la

1. *Les Origines de la porcelaine en Europe*, par le baron Ch. Davillier.

Turquie, de la Chine[1]. Ajoutons qu'à ce moment la porcelaine chinoise était si connue et en même temps si appréciée en Europe, qu'à Venise, depuis près de cinquante ans déjà, on avait essayé de la contrefaire.

Le baron Davillier, dans son beau livre sur les *Origines de la porcelaine en Europe,* signale, en effet, dès l'année 1470, un bassin et un petit vase de porcelaine « transparente et très jolie », exécutés avec « certaines bonnes terres » par un alchimiste appelé Me Antonio. En 1518 un autre Vénitien, fabricant de miroirs, celui-là, prétendait, dans une lettre adressée au sénat, avoir trouvé un « nouvel artifice » pour produire toutes sortes de porcelaines transparentes comme celles du Levant. Mais on ne sait rien d'autre de ces premiers essais, non plus que des produits d'une manufacture établie à Ferrare, aux environs de 1560, par Camille de Urbino, alchimiste d'Alphonse II, grand-duc de Toscane.

Avec la porcelaine dite de Médicis, on est mieux renseigné. Dès 1568, Vasari l'avait signalée à l'attention des amateurs d'art, vantant la science et l'habileté de Bernardo Buotalenti, peintre, sculpteur et architecte de Cosme Ier, et directeur de la fabrique de Florence. Depuis vingt-cinq ans que l'érudition moderne a ressaisi la trace de ces précieuses céramiques, on a pu en retrouver trente-cinq pièces, de forme et d'usage variés, bouteilles, gourdes, bassins, aiguières, coupes et plats, décorés presque toujours en bleu, d'armoiries, de mascarons, d'arabesques, de fleurs et parfois de personnages.

Cette fabrication, qui paraît avoir duré jusqu'en 1587, ne se recommande ni par la pureté de la pâte, ni par sa blancheur, ni par son éclat. C'est une porcelaine tendre, de celles qu'on appelle *artificielles.* En outre, au point de vue de l'art, les résultats obtenus par Buotalenti et ses succes-

---

[1]. *Le Trésor des merveilles de la maison royale de Fontainebleau.*

seurs sont médiocres. Il ne faut donc pas s'étonner que ces premiers essais, peu capables de retenir l'attention, aient été perdus de vue. Aussi, un siècle plus tard, lorsque des recherches nouvelles amenèrent en France la découverte de la porcelaine tendre, la tentative de Buotalenti était-elle complètement oubliée. Les inventeurs, les chercheurs, les céramistes, n'avaient d'autre objectif que d'imiter la porcelaine de la Chine.

L'importation portugaise, et surtout l'importation hollandaise, qui, à partir de 1620, jeta sur le marché européen tant de produits de l'extrême Orient, avaient mis ces précieuses céramiques à la mode. Les beaux plats et les bassins de la Chine, chargés de fruits et de confitures, figuraient dans les plus magnifiques repas, à côté des pièces d'orfèvrerie et de vermeil. Tous les amateurs, les collectionneurs les plus haut placés, Louis XIII, Mazarin, la Grande Mademoiselle, le Maréchal de l'Hospital, le duc de Beringhen[1], donnaient l'exemple et achetaient aux foires Saint-Germain et Saint-Laurent les plus remarquables exemplaires mis en vente. Il n'est donc pas surprenant que l'industrie française ait cherché à imiter des produits si vivement appréciés.

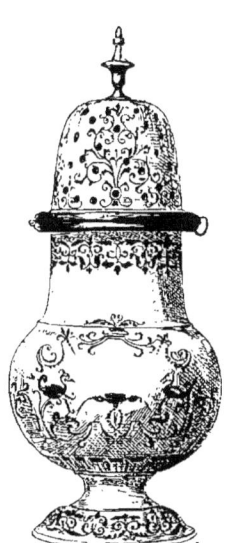

Fig. 85. — Sucrier en porcelaine de Rouen.

La première de ces tentatives, par ordre de date, appartient à Claude Révérend, qui, en 1664, sollicitant un privilège de Louis XIV, prétendait avoir « trouvé un secret admirable et curieux qui est... de contrefaire la porcelaine aussi belle et plus, que celle qui vient des Indes Orientales ».

1. *Dictionnaire de l'ameublement et de la décoration*, à l'art. PORCELAINE.

On ne connaît, toutefois, aucune trace d'établissement sérieux fondé par Révérend. Avec Louis Poterat, sieur de Saint-Étienne, qui obtint, neuf ans plus tard, un privilège analogue, on est mieux renseigné. Quelques échantillons de porcelaines rouennaises figurent dans les cabinets des amateurs et dans nos collections publiques. Enfin, nous savons par le *Mercure*[1] qu'à Orléans un verrier, nommé Perrot, fabriquait à la même époque des porcelaines imitant si bien celles d'Orient, « que plusieurs personnes ont esté trompées à la veüe », et parmi ces personnes figuraient des ambassadeurs du roi de Siam, qui devaient s'y connaître. Mais, bien que les ouvrages de Perrot et de Poterat, si nous en croyons le *Livre commode* d'Abraham du Pradel, aient été couramment vendus dans les magasins de Paris, et par conséquent aient revêtu un caractère commercial, il ne paraît pas que leur fabrication ait été fort goûtée, et eux aussi, au siècle suivant, ils étaient si bien oubliés que Voltaire, dans son *Siècle de Louis XIV,* n'hésitait pas à écrire : « On a commencé à faire de la porcelaine à Saint-Cloud avant qu'on en fît dans le reste de l'Europe. »

La vérité est qu'après s'être livré, pendant vingt ans, à des recherches incessantes, le faïencier Pierre Chicanneau ou Chicoineau avait découvert un certain nombre de recettes certaines, éprouvées par l'expérience, et qu'à sa mort il les avait léguées à ses enfants, ce qui permit à ceux-ci de produire, dès 1695, une porcelaine artificielle dont les formes heureuses et la décoration aimable ne tardèrent pas à fixer l'attention du public. Leur vogue devint même considérable quand on sut que le duc d'Orléans, fidèle à l'intérêt historique que les princes ont de tout temps porté à la céramique, avait bien voulu honorer les fils Chicanneau de sa protection, et que la duchesse de Bourgogne, allant à Versailles, s'était arrêtée pour visiter la manufacture.

---

1. N° de décembre 1686.

Les produits de Saint-Cloud, hâtons-nous de le reconnaître, méritaient cette double marque de bienveillance. Si les procédés de fabrication laissent encore à désirer, si les pâtes ne sont pas à l'abri de tous reproches, du moins le goût supplée-t-il à bien des insuffisances, et, au point de vue de l'art, cette fabrication nouvelle marquait un progrès si réel, que partout on s'appliqua à la copier, dès que la mort du duc d'Orléans rendit cette contrefaçon moins dangereuse.

Tant que le Régent vécut, en effet, marcher sur les brisées des céramistes de Saint-Cloud, c'eût été s'attaquer à Philippe d'Orléans lui-même. Mais quand, en 1723, Louis-Henri de Bourbon lui eut succédé à la tête du gouvernement, un contremaître de Chicanneau, nommé Cinquans-Ciroux, s'empressa de solliciter le privilège d'établir à Chantilly — dans le domaine par conséquent des Condé — une fabrique concurrente, et obtint, avec la permission souhaitée, la haute protection du ministre. Ce collaborateur peu scrupuleux fut puni, toutefois, par où il avait péché. Dès que « Monsieur le Duc » ne fut plus en situation de le protéger efficacement, il vit à son tour ses ouvriers se débaucher. Un d'eux, François Barbin, alla, en 1734, s'installer à Mennecy sur la propriété du duc de Villeroy, qui voulait se donner, lui aussi, le luxe d'attacher son nom à une fabrication de porcelaine. Bientôt deux autres transfuges entraient en relations avec Orry de Fulvy et, forts de la protection avouée du Contrôleur général, fondaient la fameuse manufacture de Vincennes.

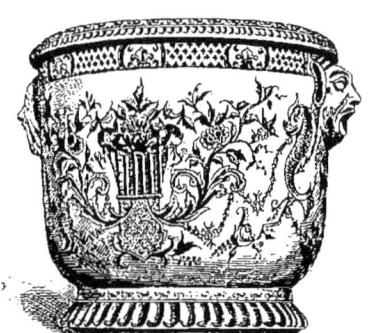

Fig. 86. — Seau en porcelaine de Saint-Cloud.

Mennecy, donna également naissance à deux fabriques

importantes, celle de Bourg-la-Reine, qui, à la mort de Barbin fils (1767), recueillit le personnel dirigé par celui-ci, et celle de Sceaux où, dès 1760, un ancien collaborateur de Barbin, nommé Chapelle, avait été appelé par le duc de Penthièvre.

Déjà il existait à Sceaux une faïencerie célèbre, créée sous les auspices de la duchesse du Maine. Transformée en porcelainerie, cette manufacture prospéra et, grâce à l'intervention efficace de son protecteur, elle fut, conjointement avec la fabrique de Chantilly, épargnée par l'*Arrêt du conseil* de 1784, qui obligeait tous les fabricants de porcelaine à transporter leur exploitation à plus de quinze lieues de Paris. Bourg-la-Reine, sous la direction de Jacques et de Julien, qui, à la mort de Barbin, avaient acquis son matériel et continué d'employer ses ouvriers, produisit également des pâtes tendres estimées jusqu'au jour où, faute d'acheteurs, cette manufacture dut revenir à la fabrication de la faïence ordinaire. Ajoutons qu'on fabriqua encore des pâtes tendres et même assez remarquables à Lille, à Valenciennes, à Arras, etc.

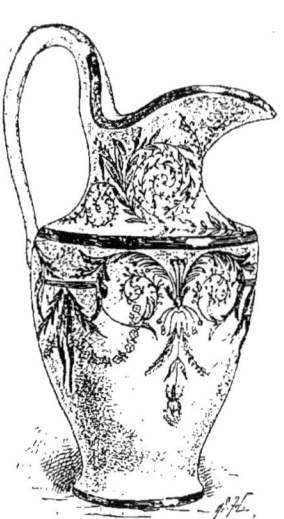

Fig. 87. — Pot au lait en porcelaine de Sceaux-Penthièvre.

Enfin, personne n'ignore que la manufacture établie au château de Vincennes fut le berceau de celle de Sèvres. Mais ces deux établissements, qui tiennent une place exceptionnellement importante dans l'histoire de la Céramique, méritent qu'on leur consacre un chapitre spécial. C'est donc par eux que nous terminerons cette notice historique.

XI

LES PORCELAINES DURES

Malgré la délicatesse de leurs formes, la finesse et le charme de leur décor, les porcelaines tendres ne parvinrent pas à satisfaire, pendant longtemps, les amateurs et les céramistes. Il semble même que ces derniers n'aient produit qu'à contre-cœur ces ouvrages exquis, aujourd'hui si recherchés et payés si cher. Toutes leurs préoccupations, tous leurs efforts, tendirent, en effet, à pénétrer le secret de la porcelaine dure et à produire à leur tour des pâtes analogues à celles qui nous venaient de l'extrême Orient. C'est à un savant allemand, Frederich Bœtticher, que revient l'honneur d'avoir réalisé le vœu si ardemment poursuivi par ses confrères de toute l'Europe.

Saxe. — Bœtticher, chimiste distingué, était entré au service de l'Électeur de Saxe avec la mission de découvrir la pierre philosophale, et de faire de l'or. On prétend qu'un jour, trouvant sa perruque lourde, il interrogea son domestique. Celui-ci avoua que, par économie, il s'était servi, pour la poudrer, d'une substance minérale en vente chez les épiciers. Notre chimiste analysa cette poudre, que les commerçants tiraient d'Aüe, près Schneeberg, et reconnut en elle le kaolin si longtemps cherché. C'est en 1709 qu'eut lieu cette découverte due au hasard, et qui allait révolutionner l'industrie de la porcelaine.

L'électeur de Saxe pressentit de suite tout le parti que l'on en pouvait tirer, à condition de demeurer maître du secret. Dans ce but, une fabrique fut établie à Meissen, dans la forteresse même d'Albrecht. Les ouvriers furent gardés à vue ; personne, sous peine de mort, ne put utiliser ou exporter le kaolin, et, grâce à ces précautions, la

Saxe arriva à produire presque de suite, et seule en Europe, des porcelaines charmantes, dont la perfection comme pâte, émail et couleurs, n'a point été surpassée depuis.

Tous nos lecteurs connaissent ces ravissants services à fond vert pâle ou jaune tendre encadrant des cartouches chargés de fleurs ou de petits paysages. Il n'est personne qui n'ait été charmé par ces innombrables et délicieuses figurines, par ces gracieux petits groupes qui devaient, en quelques années, immortaliser le nom de Meissen. Les plus délicats de ces ouvrages furent fabriqués sous l'administration de Hœroldt, le successeur direct de Bœtticher, avec le concours du sculpteur Kœndler, qu'on peut classer parmi les plus habiles artistes de son temps.

En 1746 l'invasion prussienne vint interrompre cette remarquable fabrication. Pour sauvegarder leurs procédés et leurs modèles, directeurs et personnel durent se réfugier à Dresde. Là encore, au cours de la guerre de Sept ans, ils furent menacés par Frédéric II de voir leurs ateliers licenciés et leurs fours éteints pour toujours. Il fallut que les hostilités prissent fin, pour que la manufacture redevînt florissante ; mais bien que la direction de Dietrich (1760) ainsi que celle du comte Marcolini (1774-1814) aient donné, financièrement, des résultats satisfaisants, jamais plus les porcelaines de Saxe ne présentèrent cette finesse d'exécution, cette délicatesse et cette grâce qui les distinguaient sous l'administration d'Hœroldt et de Kœndler.

Aujourd'hui, en dehors des peintures en clair-obscur, d'un fini précieux, la manufacture de Meissen, qui n'a pas cessé d'être une manufacture d'État, ne trouve pas de meilleur emploi pour ses artistes, que de leur faire copier et recopier les jolis groupes et les charmants services qui firent sa gloire au siècle dernier. La fidélité de cette copie est poussée à ce point, que les peintres reproduisent jusqu'aux marques anciennes.

Si la Saxe parvint à assurer, pendant près d'un siècle,

une grande prospérité et une réputation exceptionnelle à ses ateliers de Meissen, elle ne fut pas, à beaucoup près, aussi heureuse quant à la conservation de secrets dont, cependant, elle se montrait si jalouse. On peut dire, en effet, qu'à l'exception de celles de la Thuringe, toutes les manufactures allemandes, Vienne, Hœchst, Berlin, Furstenberg, Frankenthal, Nymphenburg, etc., durent, directement ou indirectement, leur origine à des transfuges de Meissen qui s'étaient emparés des procédés de Bœtticher et d'Hœroldt.

Vienne. — C'est en 1718 qu'un Hollandais nommé Dupasquier, étant parvenu à débaucher deux ouvriers de la célèbre fabrique, les nommés Stenzel et Hunger, établit à Vienne la seconde manufacture de porcelaine dure. Celle-ci ne prospéra pas tout d'abord; et bien que ses ouvrages

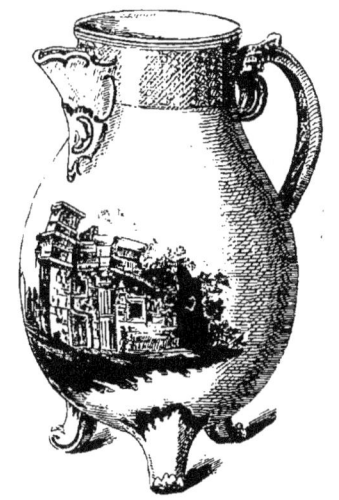

Fig. 88. — Pot en porcelaine de Saxe.

fussent dignes d'un meilleur accueil, Dupasquier, après vingt-cinq ans de luttes, dut cesser son exploitation et céder son matériel à l'impératrice Marie-Thérèse.

Grâce à la haute protection dont elle fut dès lors honorée, la fabrique de Vienne connut des jours meilleurs. Sous la direction de Mayerhofer von Grünbühel (1744-1758) et de Wolf von Rosenfeld (1770-1784), elle produisit des pièces imitées de Saxe d'un goût charmant, et dont la qualité, quoique inférieure aux ouvrages de Meissen, ne laisse pas que d'être encore très satisfaisante.

En 1785 un nouveau directeur, von Hessler, pour rendre sa fabrication plus commerciale, augmenta considérablement sa production. Cette transformation, dont il attendait merveille, eut un résultat si fâcheux, que Joseph II, se dégoûtant d'une entreprise qui tournait mal, ordonna la mise en vente de la manufacture et l'adjudication de tout le matériel industriel, des modèles et des articles fabriqués ou en cours d'exécution. Personne ne s'étant présenté, l'État dut reprendre l'exploitation à son compte. Heureusement, le baron de Sorgenthal, aidé du chimiste Leithner, parvint à remettre la production dans une meilleure voie, et grâce à lui, pendant vingt ans, les ateliers de Vienne retrouvèrent, avec une relative prospérité, leur gloire un instant oubliée.

En 1805 le baron de Sorgenthal étant mort, la production viennoise commença de décliner. Bientôt on ne fabriqua plus de porcelaine de grand luxe; mais l'exploitation, redevenue purement commerciale, ne cessa pas de diminuer de jour en jour, et comme chiffre et comme qualité. Enfin en 1864, à la suite d'une décision législative, la manufacture éteignit définitivement ses fours.

Hœchst, Nymphenburg, Frankenthal, Louisbourg. — Si Dupasquier prit beaucoup de peine et dépensa beaucoup d'argent pour débaucher des ouvriers de Meissen, d'autres s'en tirèrent à meilleur compte; car, à partir de 1735, un certain nombre d'artistes et de praticiens quittèrent spontanément la célèbre fabrique et vinrent offrir leurs talents à ceux qui voulurent bien les employer. En 1740, un contremaître nommé Ringler s'échappa de Saxe et se réfugia dans l'électorat de Mayence, où il transforma une fabrique de faïence établie à Hœchst et exploitée par le sieur Bengraf, en une manufacture de porcelaine.

Plus tard, cet établissement devint, à son tour, manufacture d'État et produisit, jusqu'à la Révolution des vaisselles de service qui peuvent supporter la comparaison avec les ouvrages de Meissen. Mais Ringler n'eut pas le loisir d'assister à la complète réussite de cette transformation. Dès 1747, dégoûté du peu d'égards qu'on avait pour son péché mignon (il était ivrogne fieffé), il avait quitté brusquement Hœchst pour venir trouver le comte de Hainshausen, qui, sur l'invitation de l'électeur de Bavière, avait établi une manufacture à Neudach, sur l'Au.

Cet établissement fut, plus tard, transporté à Nymphenburg, près de Munich. Ringler, toutefois, ne resta pas longtemps dans cette nouvelle résidence. En 1755 il allait s'établir à Frankenthal, où il rendait au faïencier Hannong le même service que, quinze ans plus tôt, il avait rendu à Bengraf. Là encore, il ne parvint pas à se fixer. Il quitta Hannong pour aller demander sa protection à Charles-Eugène de Wurtemberg, et, sous les auspices de ce prince, il fonda la fabrique de Louisbourg, qui, jusqu'en 1824, produisit des porcelaines assez remarquables et fort appréciées.

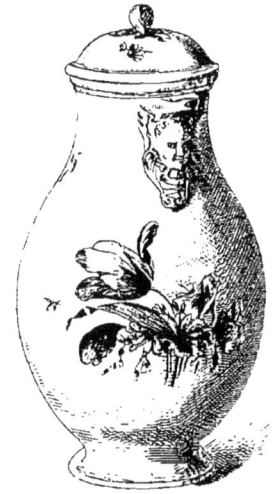

Fig. 89. — Pot en porcelaine d'Amstel.

Quant à Hannong, il mourut en 1761. L'électeur palatin Charles-Théodore acquit alors son matériel, appela du dehors des artistes habiles, et permit ainsi à la fabrique de Frankenthal d'atteindre à cette perfection qui fait encore rechercher ses pièces de choix par les collectionneurs.

BERLIN, LA HAYE, RUDOLSTADT, MARIEBERG, COPENHAGUE, SAINT-PÉTERSBOURG. — Ce qui paraît avoir occasionné les nombreux changements de résidence de Ringler, c'est que son penchant pour l'ivrognerie le livrait sans défense aux intrigants, et que partout il se laissait dérober les secrets dont il entendait tirer parti. A Hœchst ce ne fut pas seulement Bengraf qui arriva à se procurer ses recettes. Deux ouvriers avec lesquels il faisait la débauche s'emparèrent de ses papiers, les copièrent et vendirent leur copie à W.-C. Wegely, qui put ainsi, en 1750, fonder à Berlin une manufacture de porcelaine dure.

Au point de vue de la beauté de ses produits, Wegely n'eut pas lieu de se plaindre de son achat; mais ses prix de revient étaient si élevés et la vente si peu rémunératrice, qu'en 1757 il dut abandonner son établissement, lequel, en 1761, fut repris par Gotzowski. Frédéric II portait à cette manufacture un intérêt tout particulier ; aussi se chargea-t-il de pourvoir *manu militari* au recrutement de son personnel, et, à ce que quelques écrivains assurent, fit enlever en Saxe un certain nombre d'artistes de talent. D'autres prétendent que ces habiles gens vinrent spontanément à Berlin offrir leurs services [1].

Toujours est-il que l'entreprise ne réussit pas tout d'abord ; que Frédéric II, pour l'empêcher de péricliter, dut, en 1763, la reprendre à son compte ; qu'il en confia la direction à Grieninger, et que, grâce aux subsides qu'il lui accorda, grâce surtout à l'obligation imposée par le roi de Prusse aux juifs et aux directeurs de la loterie d'acquérir des lots importants de porcelaine, la fabrique finit par prospérer. Jusqu'en 1786, c'est-à-dire jusqu'à la mort de Frédéric II, elle donna des bénéfices. Plus tard elle perdit beaucoup de son importance, et aujourd'hui elle ne pourrait subsister sans une subvention de 80,000 francs qui lui est annuellement accordée par le gouvernement prussien.

Ce sont aussi des ouvriers échappés de Meissen qui permirent aux Hollandais de créer dans leurs provinces jusqu'à trois manufactures de porcelaine : celle d'Amstel, établie près de Wesp, et dont le matériel fut, par la suite, transporté à Oude-Loosdrecht, et celle de la Haye. Mais, placées entre les ateliers de la Saxe et l'importation des

---

1. G. Kolbe, *Histoire de la manufacture royale de Berlin.*

porcelaines de l'extrême Orient, ces trois manufactures devaient promptement disparaître, écrasées par cette double concurrence.

Somme toute, des principaux centres porcelainiers de l'Allemagne et des Pays-Bas, seules les manufactures de la Thuringe ne durent pas leur fondation ou leur transformation à des transfuges de Meissen. C'est grâce à ses propres analyses, que le chimiste Macheleid constata dans cette province la présence des gisements de kaolin, et arriva à composer les pâtes qui, de 1760 à 1795, furent mises en œuvre à Rudolstadt par une centaine d'ouvriers. Bien mieux, la découverte de Macheleid permit à d'autres fabriques de s'établir en Bohême et en Silésie, où elles prirent, au point de vue commercial, une importance assez considérable.

Plusieurs manufactures de porcelaine dure furent encore, à la fin du siècle dernier et au commencement de ce siècle, créées dans le nord de l'Europe. La fabrique de Marieberg, en Suède, jouit, pendant quelque temps, d'une réputation que méritaient, du reste, ses produits très soignés. Celle de Copenhague, fondée en 1772, après avoir brillé d'un certain éclat et fait de médiocres affaires, fut reprise par l'État. De nouveau elle fait parler d'elle et voit ses ouvrages classés au premier rang des belles céramiques de notre temps. Enfin, parmi les porcelaineries septentrionales, il ne faut pas oublier la manufacture de Saint-Pétersbourg, qui dut son installation et ses premiers succès à la collaboration d'artistes de Sèvres attirés en Russie. Cette fabrique, qui se recommande, encore aujourd'hui, par des produits remarquables et fort appréciés, ne travaille guère que pour l'empereur.

CAPO-DI-MONTE, DOCCIA, MILAN, BUEN-RETIRO. — Dans le midi de l'Europe, les centres porcelainiers furent moins nombreux. Nous ne voyons guère à citer dans toute l'Italie, dont la production céramique avait, au XVI° siècle, jeté un si vif éclat, que les manufactures de Capo-di-Monte et Doccia. Celle de Capo-di-Monte, fondée en 1736 par Charles III, dans le voisinage de Naples, fabriqua d'abord une porcelaine tendre d'une pâte très transparente, d'un émail brillant ; puis elle produisit une porcelaine dure, magnésienne, moins remarquable. Quand, en 1759, Charles III quitta le royaume de Naples pour occuper le trône d'Espagne, il se fit suivre d'une partie du personnel de Capo-di-Monte, et l'installa à Buen-Retiro, près de Madrid, où la production prit, de suite, une certaine importance, et où l'on fabriqua également les deux sortes de porcelaine. Les pâtes tendres de Buen-Retiro sont surtout recommandables. Les pâtes dures, beaucoup plus ordinaires, sont supérieures, cependant, à celles sorties des ateliers d'Alcora et de Sargadelos.

La manufacture de Doccia fut fondée en 1737 par le marquis de Ginori, qui, ayant longtemps habité Vienne en qualité d'ambassadeur, fit venir, à son retour en Italie, des ouvriers et des artistes de la manufacture impériale et les établit près de Florence. Depuis lors, la porcelainerie installée par ses soins n'a pas cessé de fabriquer des pâtes dures analogues à celles de la Chine, et ses produits sont recherchés à cause de leur finesse relative et de leur prix avantageux. Particularité intéressante, cette manufacture est encore, à l'heure actuelle, dirigée par un descendant de son fondateur, le marquis de Ginori. Enfin l'industrie de la porcelaine dure fut aussi exploitée à Milan, mais à un point de vue purement commercial.

ANGLETERRE. — Si, dans la partie de notre travail consacrée aux poteries opaques, nous n'avons pas parlé de l'Angleterre, ce n'est pas par oubli, mais simplement parce que les essais tentés au delà de la Manche dans ce genre de fabrication n'ont pas eu, à beaucoup près, le retentissement et l'importance qu'ils surent acquérir en d'autres pays.

De nos jours, la faïence est encore désignée en Angleterre sous le nom de *delft*, comme la porcelaine sous le nom de *china*, et la première de ces deux désignations indique à la fois l'origine des principales faïenceries anglaises, et les ouvrages céramiques qu'elles se proposèrent de copier. Ce furent, en effet, des *plateelbackers* de Delft qui, après avoir longtemps approvisionné l'Angleterre de leurs produits si pratiques et si variés, jugèrent à propos de transporter leur industrie de l'autre côté du détroit;

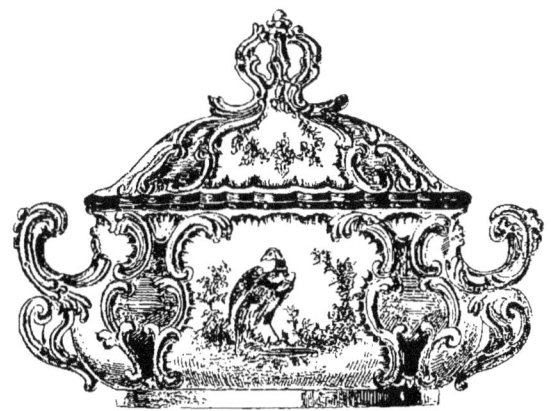

Fig. 90. — Soupière en porcelaine de Chelsea.

en même temps que les frères Élers, originaires de Nuremberg, eurent l'idée d'établir dans Staffordshire une manufacture de grès rouge et blanc, analogues à ceux qu'on fabriquait en Allemagne.

L'exécution de ces grès, façonnés dans des moules de cuivre qui donnaient à leurs reliefs une finesse extrême, constitua longtemps un secret. Ce secret fut surpris par un des ouvriers des Élers, nommé Asbury, qui s'empressa de contrefaire les ouvrages de ses anciens maîtres. Plus tard, le fils de cet Asbury, ayant mélangé des silex calcinés avec la pâte de ses grès, obtint de la sorte une poterie nouvelle dont le biscuit, assez blanc et assez fin pour se passer d'un émail stannifère, put être offert au public, recouvert d'un simple vernis cristallin.

Ce produit nouveau, qui présentait l'avantage de laisser aux contours des pièces et aux reliefs qui les décorent, une précision qu'on ne peut demander aux faïences ordinaires, toujours empâtées par l'émail, prit dans l'histoire de la céramique le nom de *faïence fine,* et dans le langage du commerce celui de *porcelaine anglaise.* La vogue de ces poteries nouvelles fut très grande en Angleterre, surtout quand on eut appliqué à leur décoration les procédés d'impression découverts par John Sadler de Liverpool.

Cette fabrication, perfectionnée par les frères Green, établis à Leeds, dans le comté de Suffolk, ne constitue, toutefois, qu'une production secondaire, si on la compare du moins aux ouvrages du grand céramiste anglais Josiah Wedgwood. Aidé par son associé Bentley, homme d'une grande instruction et d'une rare intelligence, secondé, en outre, par le célèbre sculpteur Flaxman, qui confectionna pour lui un nombre incalculable de modèles, Wedgwood put non seulement créer la belle poterie de couleur ambrée qui porta d'abord le nom de *cream-colour* et plus tard celui de *queen's ware* (poterie de la reine), mais aussi cette multitude de délicats bas-reliefs, de médaillons, de camées, de petits tableaux, où les figures se détachent en blanc sur un fond coloré, et dont le dessin, à la fois correct et charmant, défie toute comparaison.

Des produits si remarquables de Wedgwood il convient de rapprocher la porcelaine que l'Angleterre fabriquait déjà depuis de longues années à Chelsea et à Worcester. Les premiers services sortis de ces deux manufactures sont de porcelaine tendre, c'est-à-dire artificielle, mais qui diffère comme nature et comme composition des pâtes tendres françaises. Ils rappellent les porcelaines de Chine et du Japon, dont la Hollande, à cette époque, inondait le marché anglais. Plus tard, les deux fabriques s'inspirèrent des modèles de Saxe et de Vienne, mais en imprimant aux formes et au décor une lourdeur caractéristique. Chelsea, toutefois, vit ses produits recherchés. George II et plus tard le duc de Cumberland lui accordèrent leur haut patronage. Malgré cela, après vingt ans d'exploitation (1745-1765), cette manufacture commença de décroître. En 1784 elle éteignit ses fours.

Worcester eut un sort meilleur. Fondé en 1751 par un savant chimiste, le docteur Wall, cet établissement reçut en 1788 le titre de *Manufacture royale,* et depuis lors n'a pas cessé de jouir, dans tout le Royaume-Uni, d'une vogue très méritée. Tout le monde, on s'en souvient, admira, à l'exposition de 1878, ses belles porcelaines à couleur ambrée, chargées d'or en relief, et qui produisirent sur nos fabricants une impression si vive qu'à Vierzon et à Limoges on s'est empressé de les imiter.

Les ouvrages de cette importante manufacture étaient, dans cette grande solennité, encadrés par les envois d'un certain nombre d'autres établissements de très réelle valeur, au premier rang desquels il faut citer la manufacture de grès de Doulton et la porcelainerie de Stok-eupon-Trent, dite de Minton, à cause du nom de son fondateur. Ce dernier établissement est aujourd'hui le plus considérable, comme chiffre d'affaires, de tout le Royaume-Uni.

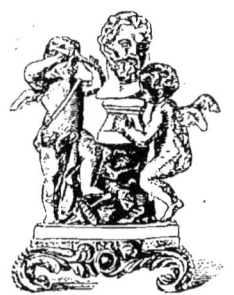

Fig. 91 — Petit groupe en porcelaine de Saxe.

XII

LA PORCELAINE DURE EN FRANCE. — SÈVRES. — LIMOGES. VIERZON.

Pour terminer cette histoire résumée de la Céramique, il nous reste à dire quelques mots de la fabrication de la porcelaine dure en France, et surtout à parler de la manufacture de Sèvres, qui exerça, pendant plus d'un siècle et demi, une influence décisive sur notre production.

Nous avons raconté, dans un précédent chapitre, que Cinquans-Siroux s'était laissé débaucher de Saint-Cloud et avait fondé à Chantilly, pour le compte du prince Louis de Bourbon, une manufacture de porcelaine tendre. Siroux fut trahi à son tour par les frères Dubois, qui, s'étant approprié ses recettes, se réfugièrent au château de Vincennes, où, en compagnie d'un camarade nommé Guérin, ils commencèrent à fabriquer de la porcelaine.

Le Contrôleur des finances Orry de Fulvy s'intéressa à leurs essais, leur fournit quelques fonds; puis, comme il s'aperçut qu'il avait affaire à des ivrognes de bas étage, il les expulsa, leur substitua le sieur Gravant, et en 1745 les résultats obtenus parurent assez satisfaisants, pour qu'un privilège de trente années concédât à la manufacture naissante le droit de fabriquer des porcelaines dans le genre de celles de Saxe.

Bientôt les produits de Vincennes furent très appréciés. Une innovation à la fois gracieuse et inattendue contribua surtout à les faire connaître. Nous voulons parler de ces fleurs délicates, montées sur des tiges de laiton, qui obtinrent alors un succès sans précédent. L'engouement qu'elles provoquèrent fut tel que la dauphine, Marie-Josèphe de Saxe, résolut d'expédier à son père — propriétaire cependant de la manufacture de Meissen et très fier de ses produits — des lustres et des girandoles garnis de cette délicate

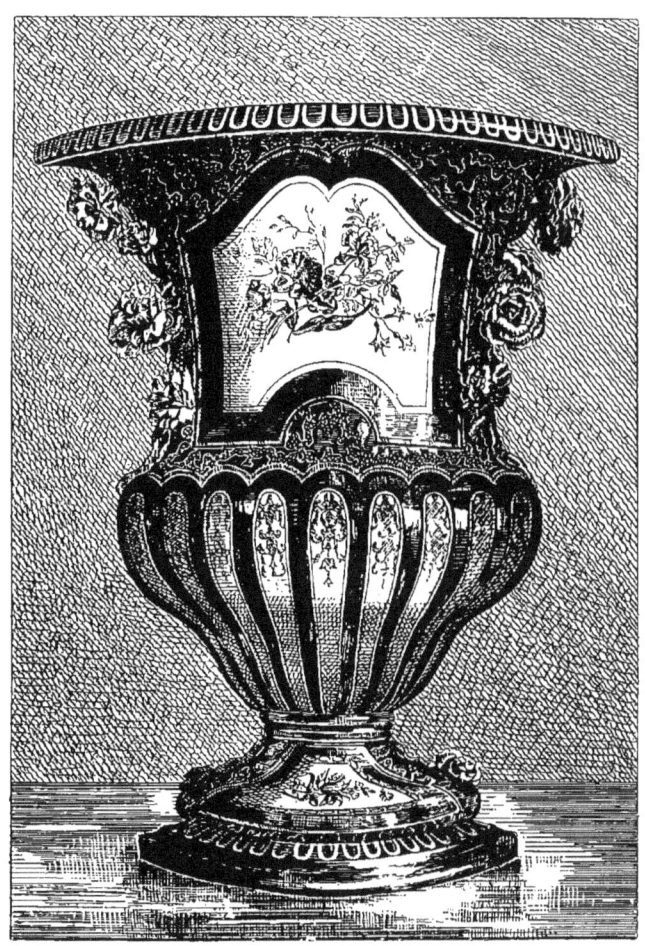

Fig. 92. — Vase en porcelaine de Vincennes.

parure[1]. Et, s'il en fallait croire d'Argenson[2], Louis XV

1. *Mémoires du duc de Luynes*, t. IX, p. 277.
2. *Mémoires du marquis d'Argenson*, t. VII, p. 122.

aurait offert pour 800,000 livres de ces fleurs à Mme de Pompadour.

Ce dernier chiffre, toutefois, semble très exagéré, et ce qui le donne à croire c'est que Vincennes, en dépit de ses succès artistiques, ne prospéra pas financièrement. Aussi, à la mort d'Orry de Fulvy (1751), les propriétaires de la manufacture, à bout de ressources, durent-ils avoir recours à l'intervention royale. Celle-ci prit l'établissement sous sa protection directe. Les ateliers furent transportés à Sèvres, dans une ancienne habitation de Lully. La fabrique prit le titre de *Manufacture royale,* et ses produits reçurent le nom de *porcelaine de France*.

La bienveillance royale exerça sur la nouvelle production une influence d'autant plus heureuse que Mme de Pompadour s'intéressa de suite à cet établissement. Les ouvrages sortant des fours de Sèvres furent, par elle, mis à la mode. Il fut considéré comme de bon ton et de bon goût de posséder des pièces de *porcelaine de France*. Ajoutons que ces pièces étaient absolument dignes de la haute faveur qui les accueillait.

« La salle des modèles, formée en ce siècle par M. Riocreux, donne une idée exacte de l'importance et surtout de l'élégance et de la variété des pièces qu'on fabriquait alors. Aux fleurs qui avaient fait le succès de Vincennes, on avait joint les vases de grande ornementation, dessinés par Duplessis, les services de table et à café, avec les biscuits gracieux dont Boucher fournissait l'idée et parfois le dessin, ainsi que les statuettes modelées par Falconnet. Du côté technique, les progrès réalisés n'étaient pas moindres. Au *bleu de roi,* qui avait fait la réputation de Vincennes, et au *bleu turquoise,* découvert par Hellot en 1752, s'était ajouté, en 1757, le *rose carné* dit *rose Pompadour;* puis étaient venus le *violet pensée,* le *vert anglais,* le *jonquille,* permettant d'obtenir des fonds d'une ravissante fraîcheur et d'une prodigieuse richesse, sur lesquels le pinceau des

HISTOIRE 153

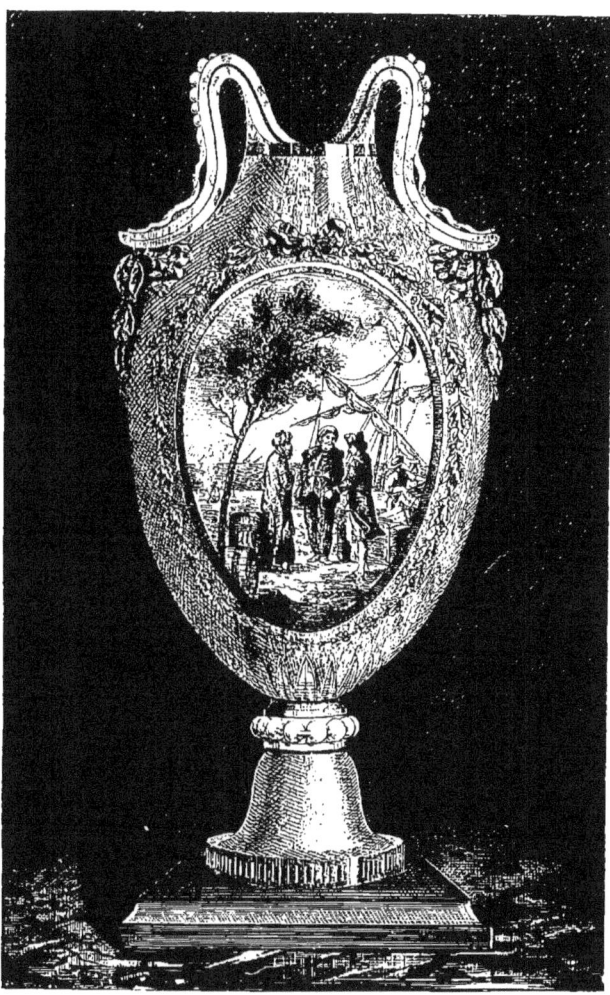

Fig. 93. — Vase en porcelaine tendre de Sèvres.

peintres les plus délicats et les plus habiles déposait des décorations d'un goût exquis[1]. »

Au point de vue de l'art, la réussite était donc complète; malheureusement, au point de vue financier il n'en fut pas de même. Écrasé par des frais généraux exagérés, Sèvres en était réduit à vivre d'expédients et d'emprunts, si bien qu'obérée et ne pouvant faire face à ses engagements, la Compagnie dut disparaître, et que cette fois le roi se vit forcé de reprendre l'établissement à son compte personnel

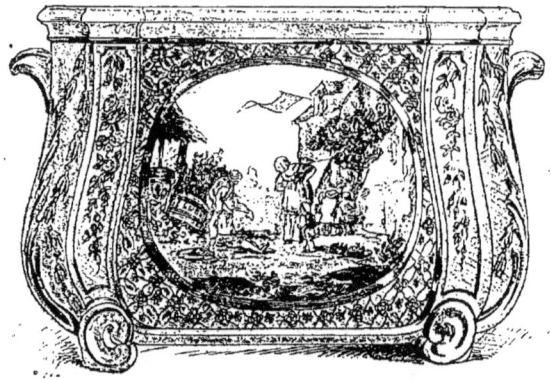

Fig. 94. — Jardinière en porcelaine tendre de Sèvres.

Dès lors, les conditions de la production changèrent. Mise en possession d'un monopole absolu qui de suite la plaça à l'abri de toute concurrence française et étrangère, la nouvelle administration put rétablir ses affaires. Elle connut même quelques années de prospérité, et son succès alla grandissant jusqu'au jour où l'un de ses directeurs, Hettlinger, substitua à la pâte tendre, qui jusque-là avait fait la gloire de Vincennes et de Sèvres, les pâtes kaoliniques dont on venait de découvrir à Saint-Yrieix, près de Limoges, des gisements d'une importance considérable.

1. *Dictionnaire de l'ameublement et de la décoration*, t. III, col. 590.

HISTOIRE 155

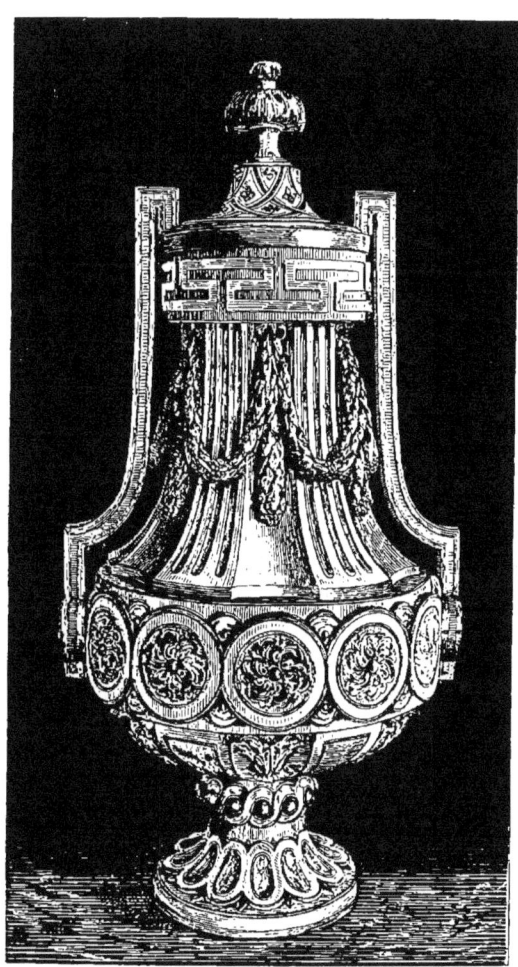

Fig. 95. — Vase en porcelaine dure de Sèvres.

Cette fabrication nouvelle devait amener, en effet, une transformation fâcheuse dans l'esthétique de la manufacture. A partir de ce moment, ce qui préoccupe la direction, c'est moins la recherche des formes élégantes, gracieuses et pratiques, la beauté ou la finesse du décor, que la pureté de la matière et sa valeur intrinsèque. On commença dès lors de dédaigner la fabrication des jolis services pour celle des vastes pièces; on s'efforça de produire grand avec l'espoir de faire énorme. Les peintres négligèrent de mettre le décor en parfaite harmonie avec la forme et la destination des ouvrages à décorer; préférant consacrer leurs soins et leur talent à la copie de tableaux en clair-obscur.

La faveur, toutefois, n'abandonna pas ces produits, conçus dans un esprit fâcheux, mais exécutés avec une maîtrise rare, et la manufacture de Sèvres conserva son prestige en Europe. Les souverains étrangers continuèrent de la favoriser de commandes importantes. Catherine II lui demanda des contremaîtres et des artistes pour former le personnel de la manufacture de Saint-Pétersbourg, et sa renommée lui permit de traverser les jours sombres de la Révolution, sans être entraînée, comme tant d'autres institutions royales, par le tourbillon qui balaya la plupart des fondations de l'Ancien Régime.

Quand, sous l'Empire, les ateliers reprirent leur activité, les tendances malheureuses que nous venons de signaler, bien loin d'abdiquer, se manifestèrent avec une intensité d'autant plus grande que le goût, entre temps, s'était singulièrement modifié. « Des rives fleuries où vivent de poésie, de musique et d'amour, les galants bergers, les demi-dieux badins, les nymphes aimables et les comédiens joyeux, enfantés par Watteau, Boucher et Lancret, l'art avait dérivé insensiblement vers les jardins d'Académus[1]. »

1. Henry Havard et Marius Vachon, *les Manufactures nationales*, p. 453.

Ce qu'on est convenu d'appeler le style classique, si peu favorable aux objets de petite décoration et d'usage courant, régnait en maître. Au lieu de s'ingénier à doter leurs

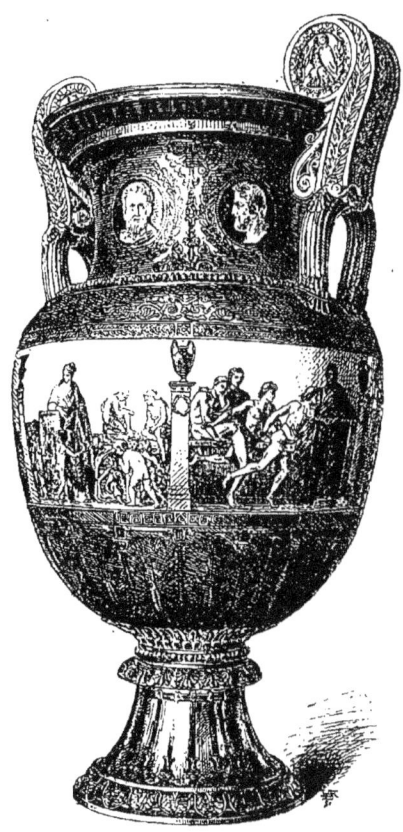

Fig. 96. — Vase en porcelaine dure de Sèvres.

contemporains de services de table ou de toilette irréprochables au double point de vue de la richesse et du goût, les artistes de Sèvres durent consacrer leur talent à célébrer les fastes de l'Empire. Ce fut aussi le moment de production de ces pièces énormes : *Vase Médicis, Vase Percier,*

Grand Candélabre de l'impératrice, Vase floréal, Colonnes commémoratives, tous objets de taille exagérée, exécutés (singulier contresens) en un certain nombre de morceaux reliés par des armatures de bronze.

Ces principes malencontreux continuèrent d'être en honneur sous la Restauration, et prolongèrent leurs effets jusque sous le règne de Louis-Philippe. Durant ce dernier, la copie des tableaux atteignit son apogée, ainsi que la production des pièces aux dimensions excessives. Cette dérivation du but à atteindre s'explique, au surplus, par les noms mêmes de ceux qui furent mis à la tête de cet établissement officiel. Brongniart, qui gouverna la manufacture pendant près d'un demi-siècle; Ebelmen, qui lui succéda; Victor Regnault, qui vint ensuite, étaient des savants uniquement préoccupés de problèmes scientifiques à résoudre, de tours de force à exécuter, et que la grâce d'une forme ou l'élégance d'un décor ne touchaient guère. Incapables d'inspirer les artistes placés sous leurs ordres, ils les laissèrent copier et recopier les modèles anciens ou puiser leur inspiration dans des réminiscences plus ou moins opportunes.

Dans son rapport sur l'exposition de Londres (1851), M. de Laborde se plaignait déjà de cet éclectisme exagéré qui devait bientôt se changer en confusion des styles. Ce fut la troisième République qui aida la Manufacture à sortir des ornières où elle tendait à s'embourber. La composition par MM. Ebelmen et Salvetat d'abord, et plus tard par M. Lauth, de pâtes kaoliniques cuisant à une température inférieure à celle réclamée par la pâte dure, permit de doter la porcelaine d'un décor riche et brillant, analogue à celui que peuvent recevoir les porcelaines du Japon et de la Chine.

Hâtons-nous d'ajouter que la fabrication de Sèvres, même en ses erreurs, ne laissa pas que d'être d'une grande utilité pour l'industrie porcelainière nationale. Dans le principe, le monopole dont elle fut investie entraîna la

HISTOIRE 159

fermeture d'un certain nombre d'ateliers établis dans le voisinage de la capitale. Mais dès que ce privilège léonin eut été aboli, on vit s'élever de nombreuses fabriques dans

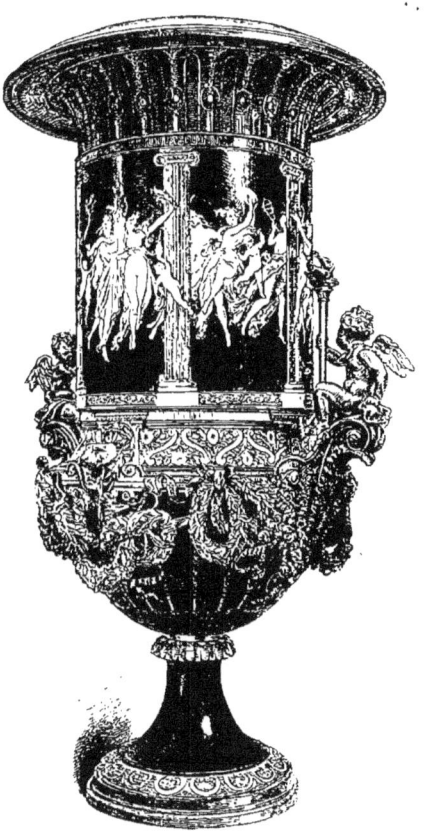

Fig. 97. — Vase en porcelaine dure de Sèvres, monté en bronze doré.

le pays même des gisements kaoliniques, à Limoges d'abord, puis à Vierzon, et le renom européen de Sèvres ne profita pas moins à ces centres nouveaux, que les découvertes et les innovations réalisées par ses directeurs.

Aujourd'hui la première de ces deux villes, dont le développement manufacturier fut assez lent, ne compte pas moins de trente-quatre porcelaineries, alimentant près de cent fours. C'est grâce à l'intelligente initiative d'industriels dont les noms appartiennent à l'histoire céramique de notre pays; c'est grâce aux Massé, aux Grellé, aux Fourneira, aux Baignol, aux Monnerié, aux Alluaud, aux Henri Ardant, aux Brisset, aux Pouyat, aux Ruaud, aux Sazevat, aux Gibus, aux Haviland, aux Parent, que l'industrie limousine a pu prendre ce développement considérable.

Dans le Berry, les célèbres manufactures de M. Pillivuyt et de MM. Hache et Pepin-Lehalleur n'ont pas une importance moins grande, au point de vue de la prospérité de l'industrie porcelainière. C'est dans la dernière de ces manufactures que, pour la première fois, on a substitué, dans la la marche du tour, l'action de la vapeur à celle si fatigante du pied ou de la main; qu'on a employé des appareils électro-magnétiques pour extraire les parcelles de fer qui peuvent se trouver dans les pâtes, et fait les premières et les plus larges applications des machines Faure pour le moulage des pièces creuses.

Grâce à tous ces efforts, à cette dépense d'argent et d'intelligence, à ces progrès réalisés, notre industrie porcelainière est aujourd'hui des plus florissantes, et sa production dépasse annuellement quarante millions de francs. Malheureusement, pour atteindre ce résultat, la fabrication a dû revêtir un caractère essentiellement commercial, et les pièces vraiment remarquables, au double point de vue de la forme et du décor, comptent pour bien peu dans ce chiffre important.

Fig. 98. — Armoiries corporatives des faïenciers parisiens.

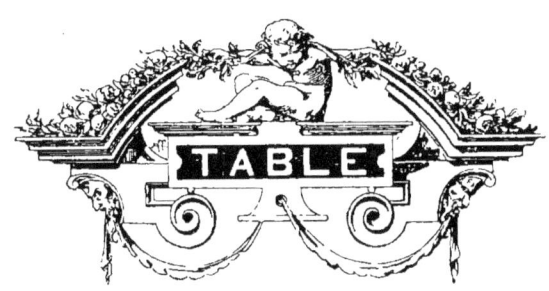

TABLE

I. — Importance de la Céramique au point de vue de l'histoire.........	3
II. — L'Égypte.............	8
III. — L'Assyrie. — La Chaldée. — La Phénicie. — La Perse. — Les faïences siculo-arabes et hispano-moresques....	14
IV. — La Grèce............	23
V. — L'Italie	47
VI. — La France............	64
VII. — La Hollande............	102
VIII. — Allemagne. — Suisse. — Belgique. — Suède. — Danemark. — Espagne............	110
IX. — LA PORCELAINE. — La Chine et le Japon............	115
X. — La Porcelaine en Europe. — Les pâtes tendres........	131
XI. — Les Porcelaines dures............	139
XII. — La Porcelaine dure en France ; Sèvres, Limoges, Vierzon.	150

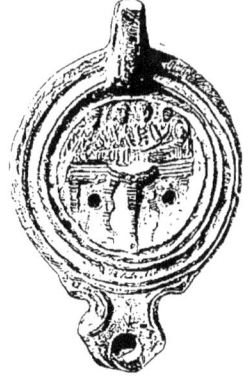

Fig. 100. — Petite lampe antique.

IMPRIMÉ
POUR M. CH. DELAGRAVE
PAR LA
SOCIÉTÉ ANONYME D'IMPRIMERIE DE VILLEFRANCHE-DE-ROUERGUE
JULES BARDOUX, DIRECTEUR

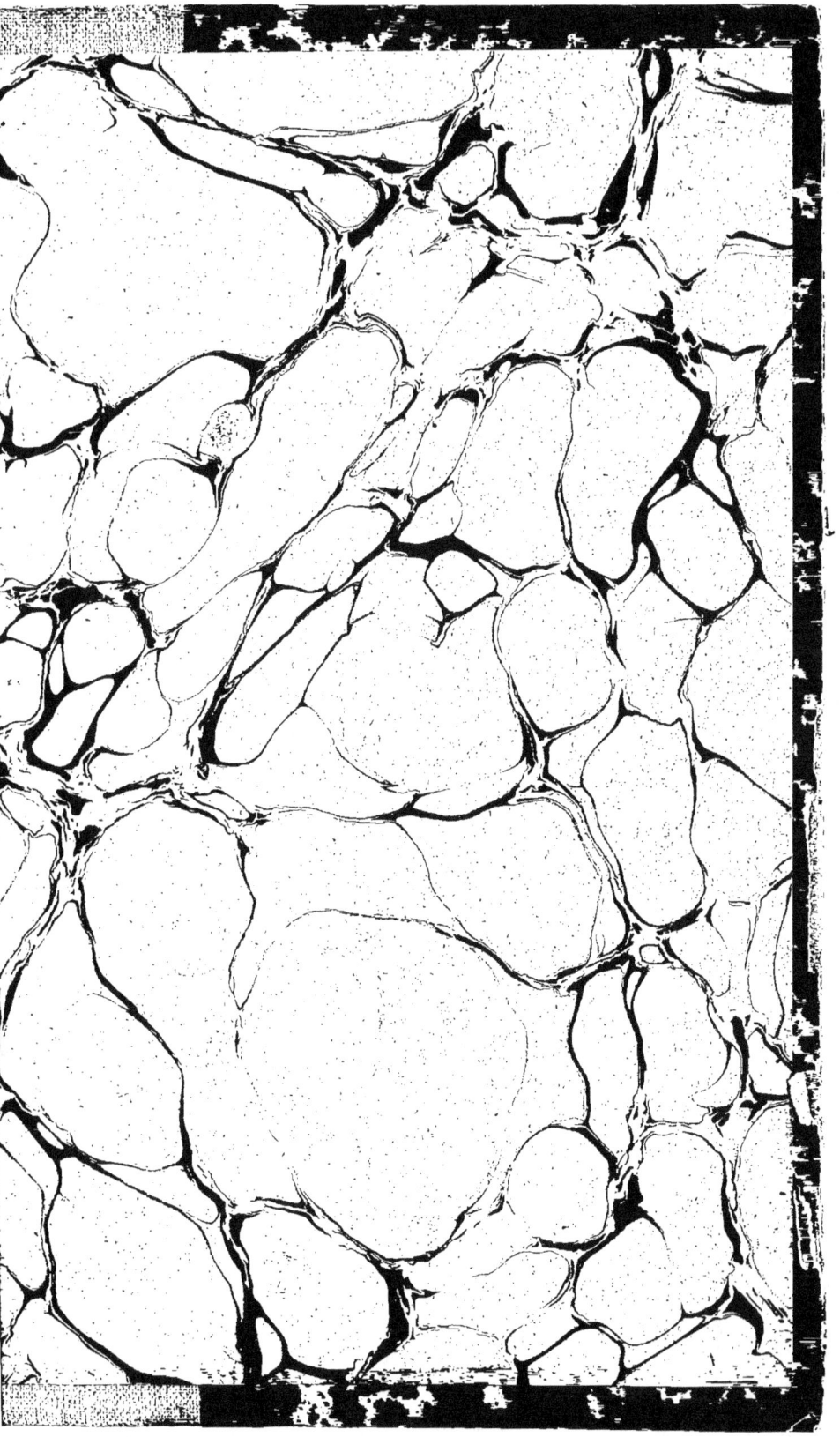

www.ingramcontent.com/pod-product-compliance
Lightning Source LLC
Chambersburg PA
CBHW050217230526
45470CB00001B/419